故事與故鄉
創意城鄉的十二個原型

邱于芸　著

國立政治大學
創新與創造力研究中心
Center for Creativity and Innovation Studies

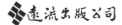

遠流出版公司

希望本是無所謂有，無所謂無的。
這正如地上的路；其實地上本沒有路，
走的人多了，也便成了路。

——魯迅，《故鄉》

目錄

圖目錄

表目錄

序一
創意城鄉的十二個原型，讓我大開眼界

政大創造力講座主持人／名譽教授　吳靜吉

　　邱于芸博士在學習、研究和工作當中，一直追求普世價值與在地文化的關係與整合，她對東、西文史哲藝的好奇、閱讀與領悟雖然常超出我的知識範圍，但就我所知的部分卻常讓我佩服她的深度理解、創意詮釋與創新應用，尤其她很快的就可以從電影、小說、繪畫、動漫、遊戲的作品中舉一兩個我所知道的實例說明故事中的原型、角色、結構、敘事、發展及其文化底蘊與轉化的歷程。

　　2011年3月她邀請十二個國家的駐台代表參與三場的「國際文化創意交流座談會」，這個計畫是配合政大公企中心多年來舉辦的「公共政策論壇」。邱博士原來的目的是希望各國代表談他們的文創政策。

　　她跟我說大部分的代表不想談他們的文創政策，例如美國在台協會的文化中心主任羅森（Scott Robinson）表示美國聯邦政府並沒有文化部或文建會，唯一相關的機構是國家藝術基金會，哪來條文眾多、洋洋灑灑的國家文化政策。辦完了這一次的座談會之後，因過去工作關係跟我認識的羅森對我說，他當時和邱博士「文化對話」一段時間後，終於領悟，他可以美國開國到現在為止的時間軸，談美國對創造力與文化的重視和關鍵的發展，將題目訂為 "Creativity Starts Local"。事後他自己非常開心，還因此獲得靈感到幾個大學講同樣的題目。

　　後來邱博士才知道這些駐台代表幾乎都不是出身文化界，例如捷克的代表擁有化學博士，西班牙的代表學的是管理，這些國家代表所講的文化卻都可以從各國的文化脈絡如何影響他們各自的價值觀、文化理念或文化觀光的國家形象和品牌設計。因為有機會和幾個代表聊天，我才發現邱博士自然而然地以其對東西方文史哲藝的理解與國族認同的概念，激發各國代表發展他們演講的主題和脈絡。

　　邱博士也參加了政大頂尖大學「創新研究」計畫中有關創意城鄉的探索。她應用了十二個故事原型作為研究的參考架構，讓我豁然開朗，不久之後她就將這十二個原型結合了十二個參加「國際文化創意交流座談會」的國家文化發展脈絡，寫成了創意城鄉的十二個原型，真的讓我眼界大開。

序二
喚醒述說台灣在地故事的熱情

國立政治大學傳播學院教授　張寶芳

2009年秋，「皮克斯動畫20年」（Pixar: 20 years of animation）全球展的最後一站來到台北，我們有機會看到皮克斯的故事、角色與創作世界，了解為什麼皮克斯是皮克斯。皮克斯深信故事是一切的基礎，沒有故事，就沒有皮克斯。公司把製作的三分之一到四分之三時間花在處理故事，例如《玩具總動員3》劇本就花了兩年半的時間。他們對故事的重視和藉由故事創造出來的產值與感動無人能敵。

故事作為終端產品，造就了龐大的影視工業。此外故事還可以運用在很多領域，例如在商品與服務的研發階段，透過劇本法（Scenario）幫助設計者營造擬真情境，看見使用者的潛在需求。在產品問世後，也利用說故事方法，幫助行銷、創造話題（擴散效應），形塑深植人心的品牌。

政治大學數位內容學程循此思維，致力培養學生說故事的能力。於2012年春開設了「文化脈絡與故事原型」的課程，企圖從文化脈絡追溯創意源頭。特別邀請邱于芸博士講授，她從坎伯（J. Campbell）研究不同神話故事的原型入門，帶領全班四十位大二、大三同學走了一遍英雄之旅。神話中英雄的歷險都訴說人類心靈被試煉、回歸的過程。神話故事表面雖變化不斷，背後都可歸納到同一母題，就是人內在生命追求意義與圓融的歷程，乃至最終重新認識自己，建立認同，獲得自在與平衡。經過一學期

實驗，結果發現學生頗受啟發，幾個期末作品，看到學生已經可以從心靈的深層面去說好一個故事。

近年來說故事也成為凝聚社區意識，營造、改造、再造社區的方法。「讓社區說自己的故事」提供了社區民眾參與建構自身社群的機會，透過社區集體的對話與分享，重拾曾經散佚的記憶，重新詮釋自己，肯定自己生命的價值，形塑社區認同。

李亦園在《千面英雄》書序曾提到：神話對於一個民族知識與文化價值的傳承和創造佔關鍵地位。一個缺乏神話的民族，就好像一位不會做夢的個人，終會因創意的斲喪而枯耗而死。

我們樂見邱博士把故事原型的概念應用到打造創意城鄉。藉由原型分析十二個國家的文化代表如何述說他們家園的故事，提供如何建構台灣城鄉創意故事的絕佳參考架構。讓所有讀到本書的人，獲得啟發，喚醒述說台灣在地故事的熱情，挖掘與深度理解台灣各城鄉的獨特文化價值，運用原型，注入意義，轉換成某種提升生活境界價值的動人故事。

序三
從失意城鄉到創意城鄉

作家／「我們創造事務所」創辦人　洪震宇

　　做為一個寫作者、在城鄉各地穿梭的演講者與旅行設計者，我著迷小鄉小鎮的時間、空間與人間的故事魅力。

　　這是一種讓人情感附著的真實感。每當我在台東縱谷進行田野調查、導覽小旅行或是演講，回到台北，搭捷運時，洶湧的人潮讓我頓時適應不良，有一種緊張壓迫感。我當下在臉書上寫著：「台北看到的，都是高跟鞋。台東看到的，都是拖鞋。台北最常見的是高樓，台東是高山。台北人比植物多，台東稻子比人多。台北談生存，台東談生活。台北的世界好大好大，台東的世界好小好小，小到讓人想擁抱，讓人想野放。」

　　同樣的情緒也在日本發生。我去日本新潟參加「越後妻有」區域的大地藝術季，這個出產好米好酒的雪國，春夏是被滿山遍野的美麗梯田包圍著，七百公里的面積，大地各個角落都有策劃的建築與藝術品，讓旅人踏查參觀。

　　回程到東京的傍晚，我們碰到強大的衝擊。東京人潮多，地鐵電扶梯速度快，人刷卡進站速度更快，刷卡聲「嘟嘟嘟」如魔音穿腦般接連不停，地鐵擠滿人，空間嚴重被壓縮，快都不能呼吸了。

　　如果習慣城市生活的人，會麻痺的習以為常，但是從一個廣袤遼闊的環境來到高樓林立的大都會，會覺得進入一個機械化國度，時空都平面化

了，失去立體的深度。

當然鄉間美好生活的印象也只是片面。以日本新潟為例，儘管是日本最貴最好的米鄉，仍然遇到少子化、人口老化、城鄉差距的問題，因為人口流失，區域進行大合併，許多鄉鎮都消失了，連故事、自信與存在感也消失了，老人自殺的事件層出不窮。

為了找回銀髮長者的笑容，日本一群藝術工作者十多年前開始籌劃三年一次的大地藝術季，藉由藝術家的介入、互動，透過農村裝置藝術來吸引觀光人潮，逐步找回自信。

另外，許多日本都市青年找不到自己與土地的關係，生活形同失根，他們也期待找到另一種選擇與生活態度，城市人尋找生命出路的渴望，也成為大地藝術季的動力。

日本年輕人、甚至是國外藝術工作者大量投入大地藝術季，希望創造城市人的心靈故鄉，創造彼此的情感連結，找到存在感與意義。

情感連結，是創意城鄉的源頭與終點。這本《創意城鄉的十二個原型》提到，現代社會的各種問題在於缺乏生存意義：「這全是故事的問題，我們現在就有麻煩了，因為沒有好聽的故事。我們處在故事與故事之間的空白期，舊的故事敘述這個世界怎麼形成，我們如何融入這個世界，

都已經不再合乎時宜，然而我們還沒有聽到新的故事。」

全球化時代的故事在哪裡？在模樣越來越千篇一律的城市競爭力之中？還是在觸動我們內心深處、曾經擁有的美好想像？

不只是沒落的鄉鎮失意，連城市都失意了，生活品質下降、就業問題、老年問題⋯⋯

我們得換個角度與視野去想像與實踐，從看得見的城市到看不見的城市，從看不見的地方到看得見的地方。

沒有城市是完美無瑕的，我們只能從想像與經驗中，去找尋、建構一個看不見的美好城市，《故事與故鄉：創意城鄉的十二個原型》強調，一個真正以人為本的創意城市，文化不應該只是吸引消費、刺激經濟成長的工具，相反地，我們應該更重視文化與人文本身的意義，建立一個屬於自己特有、值得認同、尊重與努力追求的文化價值，這才是我們追求經濟發展的目的。

因此，創意城市的議題，如果只狹隘從經濟產值去計算與衡量，就是一個失去個性、同質化的城市，得改以從在地生活文化與價值認同著手，來分析不同文化中的主要特質，進一步地掌握不同區域的獨特性。

城市不能遺世獨立，創意活水來自周圍鄉鎮的支持。從勞動、消費、

食物供應、休閒生活、歷史文化，都來自周圍的鄉鎮，更重要的是，城市人對於在地具有主觀和情感上依附的「地方感」。

地方鄉鎮，像是一個沉靜的母親，默默守候家園。

當我們重新思考全球化與工業化帶來的環境問題、與文化單一化的危機，原本看不見的地方，更需要被看見。

我經常在城鄉各地演講、開工作坊，討論在地業者、社區工作者的定位，協助提升說故事能力、品牌行銷與創意能量，以及可能的商業模式。只要一點點創新思維、深度的故事挖掘，就能呈現在地特色與自信，還能協助青年返鄉創業，活化在地經濟，提升內涵與品質。

但是投入的人實在太少了，大家都擠在城市裡頭，各自的天賦與才能都被掩蓋，商學院的師生討論的企業個案，不是國外知名企業，就是國內大企業，其實更需要的是花時間討論與關注創意城鄉的故事。

知識份子要思考的不只是生存問題，還有提升生活品質、促進社會信任的問題，透過城鄉的共生共榮，才能在全球化時代找到自己的出路。

在文創高舉時代大旗的時候，我們需要仔細思量，文創究竟是表面口號，還是追求自我認識與認同？創意城鄉用人類學大師李維－史陀（Claude Lévi-Strauss）來提醒：「我們現在正受著一種可預見的情勢的

威脅：我們變得只是一群消費者，能夠消費全世界任何地點、任何一個文化所生產出來的任何東西，而失去了一切的原創性。」

原創的力量來自生活，來自歷史文化，更來自土地，城市的土地已經是水泥與柏油，鄉鎮的土地卻是富饒肥沃，只是不再仔細耕耘翻土，就將成荒原。

《故事與故鄉》舉了很多各國的案例，也談到台灣城鄉的故事，值得仔細參考，但是我更期待有更多台灣的個案，更多不只是城市、還有鄉鎮區域的故事被發掘，更多創新模式被實踐。

只有在地化，根扎得深，知道我們是誰，要去哪裡，我們要對世界說什麼故事，才有信心面對全球化。

序四
故事山與天涯路

聯合報系研發總監　吳仁麟

有個故事是這樣說的。

一位傑出的美國學者雄心萬丈的到英國進行研究，他想要把溫布頓網球大賽（The Championships, Wimbledon，網球運動中歷史最久也地位最高的比賽）複製到美國，於是開始進行一連串訪問。

「要怎樣才能打造另一個溫布頓？」學者誠心請教溫布頓主辦單位的最高主管。

「其實也不難，只要找一塊草皮，而且天天認真的澆水施肥照顧個一百年，美國人就能打造自己的溫布頓。」溫布頓的主管說。

這個故事提醒我們三件事：

1. 溫布頓從1877年就開打，美國人再怎麼努力也至少永遠落後英國一百三十五年（如果美國真的決定在今年開始迎頭趕上的話）。

2. 美國人很天真，英國人很幽默（或者，傲慢）。

3. 有些事是再多錢也買不到的。

就像這本書對於台灣文創產業發展所提出的主張，不應該只把眼光放在經濟產值，而是去回溯台灣的生命記憶，了解自己有那些不可取代的故事與優勢，並且從這些故事出發來做為文創產業的根基。如果只是一昧鎖

定營收數字，那我們只會再一次發展出另種代工型的文創產業，持續活在低毛利高風險的生命情境裡，而且越來越不知道自己是誰。

這是一本以「故事」為核心的書，書的背後也有個動人的故事。作者Vicki在十八歲就離開台灣，在英國一待就是二十多年，這二十多年的異國生活讓她更了解自己對台灣有多在乎。於是她在兩年前回到台灣，除了在學校教授如何說故事，也用她說故事的專業開創了一片事業。而她所開創的事業，則是幫助創業家創業。在這本書裡，處處可以看得到她對於「故事（創意）」、「創新」與「創業」的心得與心情分享。

在認識Vicki之前，我從不知「故事」有這麼強大的力量，更不知「故事」的背後有這麼多的學問。如同這本書所提到的「人格原型」和「英雄之旅」這些論述，其實就是長久以來人類故事產業的脊椎骨，許許多多知名的小說電影裡都看得到這些論述的影子，而Vicki的專業則是深入淺出的用說故事的方向來解讀這些故事原型背後的故事。某種意義上，這也是一本對「說故事」這件事有興趣的人所必備的「勝經」，告訴我們如何利用「說故事」的力量來出奇制勝，不管在什麼樣的工作或生活場域。

對於說故事這件事，Vicki並不只是說，她甚至用說故事的方式開創了「創立方」創業平台。在短短一年的時間裡，她在金華街政大公企中心聚

合了一百五十多位創業家，也帶動了台灣「共同工作空間」（Coworking Space）的風氣，引領更多人來投入這項活化台灣的空間和人力資源的歷史工程。在這本書裡，也分享了這種「故事力」的最核心內容，也就是「創立方」的經營祕笈，讓每個人能回首凝視自己內心的最原點，知道自己這一生從何而來，也才能找到該往哪裡去的方向。

在台灣產業轉型的關鍵時刻，這本書的出版，也提供了文創產業一個新的思考方向。特別是透過舉辦「文化創意聯合國」這樣的活動，找來十二位不同國家的文化創意人說自己國家的故事，作者巧妙的把榮格的「人格原型理論」運用到這些國家身上。於是每個國家的性格和面貌也更加鮮明了，這本書會告訴您，哪個國家是天真者，哪個國家是魔法師，哪個國家又是亡命之徒，而台灣又該是什麼樣的人格原型。

看完這本書，您會對故事這件事有更多的了解，也會對台灣文創產業的未來有更多的想像，知道每個故事其實都有個共同的原型。那就是一座山，每個故事都是一座山，總是從平凡世界進入歷險與試煉，最後終究取得靈丹妙藥再駕返人間俗世。

就如同王國維在《人間詞話》裡所說的：「古今之成大事業、大學問者，必經過三種之境界。昨夜西風凋碧樹，獨上高樓，望盡天涯路。此第

一境也。衣帶漸寬終不悔，為伊消得人憔悴。此第二境也。眾裡尋他千百度，回頭驀見，那人正在燈火闌珊處。此第三境也。」相信這些故事山和天涯路都將是你我和台灣未來不斷會經歷的旅程。

自序
異鄉與故鄉

「每個孩子都想知道自己從哪裡來，每個文化也都有創始的故事來回答那些問題，給活在當中的人民道理和意義。」

—— Ray and Anderson

高中畢業那年，我離開台灣到英國求學，至今已是二十多年前的事。我對故鄉的認識，其實是從身處異鄉開始的。當時年僅十八的我，只有年少輕狂時的自我追尋與青澀憂鬱，並沒有特別鮮明的國族認同問題。

飛機一落地，浸淫在陌生的寄宿家庭與充滿國際學生的語言學校環境中，我開始有了向世界介紹「我所生長的地方」的必要。當這樣的機會愈來愈多，才驚覺不僅外國人對於台灣與中國的了解如此有限，連自己對故鄉也是越講越模糊。

於是，就從那時開始，只要有機會，我便反覆思索練習敘述著台灣的故事。當時，手邊靠著僅有一本出國前隨手抓的《發現台灣》專題報導（天下雜誌出版）走遍天下。在探索的過程中發現，自己竟是如此的好奇於關於台灣的過往，就這樣，我重新認識自己的故鄉，而這個經驗也奠定了我日後求學的方向與基礎。當時的故鄉，從台北一個小點出發，無限向外延伸，從鄉愁，到與歷史洪流和這塊土地接軌，我一次又一次地述說著我與台灣的故事。

2009年，經歷了二十多年的探索，我從英國回到台灣，對英國的文化脈絡已有相當的了解。但令人玩味的是，回到台灣後，英國從原來的異鄉儼然變成了新故鄉，而台灣這個故鄉卻成了某種意義上的異鄉，因為我實在離開太久也錯過這裡太多的人與事。就這樣，異鄉成了故鄉，而故鄉竟成了異鄉。這個體悟引發了我的思索。如同黑格爾（Georg Hegel）所說：「一般來說，最熟悉的一切只是因為熟悉，而不是因為認識。」

2009年前後，正是台灣文創產業學在各大專院校蓬勃發展，而英國始終被認定為文創產業發源地，於是，在英國住了二十年的我，以一個異鄉人的觀點來解讀英國文化創意發展的角度又變成我另一門功課。從小劍橋到大倫敦，以至於整個英國的氛圍，日積月累，鑲嵌在我自身的經歷與品味養成的脈絡中。隨著不同的場合，我一次又一次思考和訴說，跨越台灣與英國兩種文化，讓英國與台灣對話，以激發我對跨文化論述的種種想法，在東方和西方所串起的時空脈絡中，找到可以做為人類共同價值的基礎。

另一方面，我也開始發展以我久居英國的經驗來思索台灣的故事。要講出一個能夠被國際社會理解的故事，除了需要回溯這塊土地的過去，也必須要理解觸動人類共同情感的價值元素。雖然，打造創意城市／創意國

度，儼然已經蔚為新創意經濟時代風潮，各國城市紛紛投入創意城市的競逐。然而，任何競爭一旦正式化、公開化之後，必然會衍生出一套可供評量的標準與仿效的模式，學術領域也陸續投入討論創意城市的相關研究，這些研究成果也逐漸累積成日益標準化的評量標準，以及一套套塑造所謂創意城市的教戰手冊。[1]

但是，除了這些以數字為基礎的制式指標，台灣的文創產業能不能找到另一種觀看和訴說自己的方式？而且這些方式是具有放諸四海皆準的穿透力的。

於是我開始思索如何為台灣的文創產業尋找另一條可能的道路，而不只是以經濟指標來決定該何去何從。因為我相信那只會讓台灣的文創產業再次走入低毛利高風險的代工產業，一如過往的這數十年。

但我們不正是為了擺脫代工產業才來發展文創產業的嗎？怎麼可以用老思維來面對新挑戰？我們該在乎的是自己的差異性和優越性，因為這也正是文創產業競爭力的最核心，但我們該如何才能找到自身文化的特色和優勢呢？

於是我想到，如同當年旅居英國的我一樣，客居在台灣的外國朋友，一定也會不斷地述說他們故鄉的故事。因此，我邀請來自十二個國家的文

化經貿界代表，舉辦三場「國際文化創意交流座談會」。最初設定的主題是「文化創意聯合國」，是希望以文化、跨國界的連結來因應「後全球化時代」[2]所帶來的挑戰。

　　為了配合文化創意的主題連接，這次的活動以「故鄉」與「故事」取代了以往效法特定國際案例與追逐產值的方式，這是過去台灣各界談論文創產業發展時的常用模式。另外，值得一提的是：為配合本次活動，除了邀請講者提供他們的故鄉菜外，還特別在會前邀請到台北中小學的小朋友畫出他們對這些參加國家的第一印象，在活動當天展出，這使參與者有更

---

[1]　「創意城市」做為一個研究領域的概念開始萌芽，可由1978年蘭德利（Charles Landry）創辦Commedia顧問管理公司開始。他早期的兩大主軸：激進團體傳播方法論，以及創意經濟的興起研究。他以倫敦、格拉斯哥、伯明罕、巴塞隆納、克拉科夫、曼徹斯特和南非等創意經濟（或創意產業）切入，分析西方產業結構變遷，產業重整對空間結構的影響，使得城市必須更具有韌性、適應力與彈性，才能跟得上產業的變化。這概念成為日後的文化創意產業的基礎，蘭德利認為要打造創意城市，必須充分運用城市所擁有的資產與資源，包括硬體、實質、有形或軟體、非實質與無形的；實際可見或象徵性不可見的；可計算量化或認知的。

[2]　所謂的後全球化時代，是指在佛里曼（Thomas L. Friedman, 2005）《世界是平的》（*The World is Flat*）與大前研一（2006）《無國界的世界》中，提到在全球化浪潮後，區域國家作為全球競爭中經濟單位的新時代。

圖1 政大公企中心「文化創意交流座談會」─小朋友看世界

多元的機會感受到文化的傳承與創新的重要性，也添加了文化多元呈現的趣味。

我們聽這些外國朋友訴說家鄉的故事，體驗和學習人類對於聽故事的共感性。跳脫以往以數據化分析單一國家文化創意產業政策的方法，透過多國、跨文化交流來表現各國之間的競合策略。每個國家輪流以二十分鐘的時間講述自己文化發展歷程，透過這些故事傳達的內容與方式，鏡射建構台灣文化脈絡論述的架構，使我們的在地故事朝向更細緻精確的發展時有所借鏡，並為說好台灣的故事做準備。

在聆聽這些故事的過程裡，我很驚喜地發現，其實每個國家也正像一個人一樣，故事後面都展現出某種人格「原型」（Archetype），擁有自己的獨特性格；也從各式各樣的文化社會脈絡中抽離出人類心靈共同的基礎與精神動力。人類的文化就是在不斷的異中求同、同中求異過程中累積成長，從各種看似極端差異的文化表象中找出人類共同的情感基礎結構，再從這些共同的心靈結構中，發展出各種繽紛多樣的文化樣貌。這些從原型發展出來的價值與訴求，才能觸動人類最深處的渴望與想像，也才能恆久流傳。

就是因為這些性格，各個民族造就了不同的獨特認知，也就有了不同的歷程和命運展現。由於任何敘事都與任何敘事者的經驗有關，雖然集體潛意識會影響個人的世界觀，但要在短時間之內蒐集到來自世界各地不同的敘事文本是件不容易的任務。由於自身的經驗與聆聽十二個不同國家的人所分享的故事，我得到了以故事打造創意城鄉的啟發，想以這本書做為探討以故事的感染力發展文化特色的起點。有鑒於此，我亦開始整理出這些故事的脈絡與共通性，另一方面，我也開始更深入去了解英國文化創意產業的崛起，這個經驗，竟成了另一段自己求知與學習的故事。接下來，我將展開我對這一門學科的發現之旅，以這些文本作為分析對象，讓這個

圖2　座談會後頒發感謝狀

研究有了可喜的起點。

　　英國是世界上第一個以政府名義推動創意產業和創意城市發展的國家，僅在英格蘭地區就有超過二十個城市以追求建設創意城市為目標，從曼徹斯特到布里斯托爾，到普利矛斯和諾維奇，還有倫敦等，都把創意做為城市發展的特色。[3]（Landry, 2008）

　　當一個新故事主角上台的同時也意味著上個場景主角的落幕，創意產業興起的同時也揭示著要告別過去。英國做為工業革命的發源地，工業發展的模式讓英國維持了一個世紀多的經濟繁榮與國家強盛，但十九世紀末遭遇其他發達國家的激烈競爭，原本生產製造的優勢逐漸流失，面臨極大的經濟挑戰。歷經兩次世界大戰的西歐，在五〇～七〇年代紛紛經歷經濟成長、城市重建與現代化的黃金時期，相較之下，英國的進步速度卻遠遠

圖3 座談會形象設計

低於其他發達國家。面對其他國家強烈的競爭,英國亟欲找出一條經濟改革的道路。除此之外,當時英國有許多因應工業化而興起的大城市也產生嚴峻的社會結構問題。傳統工業的衰退、缺乏集體歸屬感、生活品質惡化和全球化挑戰的威脅等問題,往往也需要靠超越傳統的思維和創意方法才能解決。這也是英國邁入創意產業的起點。創意產業的推廣,必須從純粹的經濟產值轉移至在地生活中人們的共識與價值認同,也就是文化。然而,任何文化,無論是在「城市」,「國家」,任何鄉、鎮、鄰、里的實體區域,甚至種族,都與主事者的意義管理系統息息相關。

　　卡爾・榮格（Carl Jung, 1875-1961） 從心理學的角度,早在五〇與六〇年代就提出全人類都擁有一份超越時間、空間和文化等表面差異的共同心理遺產,他稱為「集體潛意識」,存在於個人意識的最底層,是與生俱來、具有普遍性的原始先民的集體記憶,其內容綜合了普遍存在的模式

---

3 區域創新的概念最早是以「創意城市」的概念從英國萌芽,漸漸地再從歐洲擴散到全世界。當初英國政府為了解決二次世界大戰後,工業化城市轉型再度面臨挑戰,加上社會福利制度過度浮濫,就業人口與生產力雙雙跌入谷底後,衝擊到嚴重財務缺口的問題,故以創意元素加入社會區域創新的行列。自許多成功案例之後,對於區域創新的研究重心也就逐漸從城市有形的資產轉移到無形的資產,討論的對象也逐漸從具體的「城市」轉移到抽象的「區域」的地方概念。

圖4　英國BBC廣播電台Salford媒體園區之大廳一角

與力量，分別稱為「原型」與「本能」。他認為，在這個層次上，人類毫
無個性特色可言，因此人們只能在人格其他部分尋找個體的特色。他在
《心理類型》（*Psychological Types*）與《分析心理學二論》（*Two
Essays in Analytical Psychology*）中論證說，真正的個體性是個人為追求
意識而掙扎的產物，他稱之為個體化過程。個體化是個人長期在心靈的弔
詭中，有意識努力的結果，個人的文化認同與社會社群關係，在實體場域
中以生命共同體存在的意義，這個主題將會是本書另一個主角。個體化的

過程依然仰賴本能與原型做為每個人的自然稟賦。所有人的稟賦都是平等的，每個人不論貧富、膚色、古今，都擁有它們。這個永恆的主題是榮格對人類心靈理解的基本特色。（Murray Stein, 1999: 113）也因此，從榮格以來，許多學者都先後揭露了人類共同的情感結構，指出在不同社會文化脈絡中，人類共享的原型基礎。不論是神話或民間集體故事，所傳承的就是一種人類共享的生命原型力量，故事是日常生活的重要元素，不只是對世界的描述與詮釋方式，更是我們認識世界的框架與雛形；故事的意義不只是前人智慧與經驗的結晶，也是現代個人與集體的創意能力與開發未來社會發展的可能空間。

美國原型研究暨應用中心（Center for Archetypal Studies and Applications/ CASA）主任皮爾森（Carol S. Pearson）看到原型理論對於品牌行銷有相當優勢，並將榮格心理學原型理論做了深度的研究與應用。進一步展示了原型理論不僅可用在個人人格發展、生命成長論述中，它更可做為品牌行銷等領域的整體脈絡。參考借鏡皮爾森將原型應用在品牌行銷的模式，本書也希望能將原型概念應用在創意城鄉上，透過實際的敘事分析來說明形塑區域特色，提供未來建構創意城鄉論述時能創造出打動人心的文化經驗與城鄉發展。

　　參與活動的各國駐台代表分別以不同的敘述方式來說明對自身文化的理解，體現了一個文化的誕生與轉變，看似差異極大的異國文化，從坎伯（Joseph Campbell）單一神話的概念卻可以掌握住其中相似的原型特質與生命歷程。敘事分析的重點是探討這些人如何訴說自己的故事，如何認知與講述自己的歷史，個人的敘事不僅揭露了自己的生命，也是他們形成認同與價值意義的工具。

　　本書不細究傳統科學所謂的真實、客觀、中立，因為我們想要了解的核心是如何建構創意城鄉的集體認同與價值，從別人的故事中發掘人類共享的情感動力與價值基礎，也就是原型特質，進一步創造建構屬於自己的故事與文化。[4]

　　我相信，台灣要能不斷的創新進步，必須要有說故事的能力。當我們能把自己的故事說得動人之後，不僅僅是個人，而自己的故鄉——台灣，在世界舞台上才會有能見度與識別度。也才能從這裡，建構自己的性格，展現獨特動人的品牌，轉型擺脫代工之島的角色。

　　經過各界師長與朋友們這兩年的提攜與督促，寫作本書的過程，正如同我這兩年的學習紀錄。我也因此，利用這個學習經驗打造了以台北大安區為中心的創新聚落（創意、創新、創業交易所——簡稱「創立方」），

帶領創業成員以政大公企中心為中心，了解區域的認同對於個人生命意義與工作的關係。

　　寫這本書，需要感謝的人實在太多，原諒我無法逐一列出；但在這裡，我除了特別感謝國立政治大學創造力中心的鼎力支持，讓本書得以問世，也感謝吳靜吉講座教授，公企中心樓永堅主任，傳播學院張寶芳教授，以及政大X書院的陳文玲教授等前輩們不斷的提點與協助，使我的實作經驗與論述能力更趨完整。而任何的謬誤或疏漏，則應由本人擔負全責。

---

4 敘事分析的重點在於以故事文本作為研究對象，因為敘事本身就是一種再現（Representations），解釋是不可避免的，然而，在後實證主義的研究裡，事實和解釋是不易區分的。個人是在個人的敘說裡，建構了過去的經驗和行動，用以宣稱他們的認同，以及形塑他們的生命。（Catherine Kohler Riessman, 2008: 4-5）這些與會者的敘事可能是個人主觀的經驗感受，也可能是經過政治修辭的官方說法，但這都無礙於我們分析敘事當中所展現的原型特色，敘事分析的主要目的並不是探究真實性與代表性，正如薩依德（Edward W. Said）所指出：「實在（The real）的議題是，是否確實有一個對於任何事物而言，所謂真實的再現，無論是單一或所有的再現，它們首先都嵌於語言當中，然後嵌於文化、制度和呈現者模糊的政治氛圍中。如果後者的說法是對的，我們必須準備接受這個事實──再現基本上就與許多『真實』之外的東西牽連、糾結、嵌入、編織在一起，真實，它本身就是一種再現。」（Said, 1979: 272-273）

第一章 國家、城市還是故鄉？

「我們每個人都喜歡故事，也需要故事。從寓言到小說，從音樂劇到廣告，我們出於本能地渴求這些能夠為人類處境提供力量的故事，而那力量通常是巨大、古老而抽象的。故事，是最好的老師。」

——克羅爾（Alex Kroll）（Mark & Person, 2002: 5）

圖5　英國劍橋大學國王學院外觀

　　蘭德利（Charles Landry）在2010年出版的《創意城市》（*Creative Cities*）一書中匯集了1980～2000年間多元創意城市的個案，他分析：在創意城市中「這些無形、軟性、非實質，同時定義較不明確的資產，也變得日益重要；由於這些特質會吸引人前往某些地方，以回應內心更深處的渴望。」因此，打造一個創意城市的重點在於：「我們要如何製造使人們好奇、充滿想像力的條件？」、「哪種氣氛會使人發揮最大的能力？」（Landry, 2010）

　　不同於以往強調硬體、有形實體建設，蘭德利更重視城市的無形資

產，他鼓勵大家發揮對城市的想像力，遠遠超越了城市基礎工程典範（Urban engineering paradigm）。不只是一味專注於道路、千篇一律的住宅開發，或是平淡無奇的辦公大樓等硬體基礎建設，他強調創意城市需要結合軟體基礎建設。

軟體基礎建設包括：人們如何才能會面、交換意見並建立網絡，創意城市硬體建設的重心也有所轉移，鼓勵促進人際溝通的實體空間發展與營造。這些空間具有高度的品質與舒適便利性，是既非住家也非工作場所，但讓人們得以聚會的「三度空間」；這些空間位於綠意盎然、高度重視美感的環境內，同時擁有令人興奮與安靜場所特性的綜合體；更重要的是這些空間必須擁有先進科技，無線連結的公共網路，讓人在移動中同時工作、通訊……等。[5]（Landry, 2010: 25）

---

[5] 除此之外，蘭德利進一步指出：「城市還需要『地方流傳與全球傳播管道』。地方人才庫形成的活力，建立了深植於社區的學習流程，而針對特定外人所建立的 外部溝通管道，則加速了知識與技術的轉移。因此，一個充滿創新的城市不僅要具有在地特色，也必須高度國際化。同樣地，軟性創意所涵蓋的，還有城市整體的心理基礎建設與心態。城市就是藉由這種方式，來因應機會與問題，並面對用以營造氣氛的環境條件，藉由獎勵、規範架構與法律、規章等激發創新的賦權策略。」

　　當然，在學術界蘭德利並不孤獨，有許多來自各領域的學者紛紛對這波創意經濟的轉變以及創意城市的興起進行分析解釋，希望能梳理出創意城市概念的關鍵要素與評量方向。其中美國社會學家與經濟學家佛羅里達（Richard Florida）以人才為題所著的《創意階級》（*The Rise of the Creative Class,* 2002）與《創意新貴》（*Cities and the Creative Class,* 2005）等書的出版，對整個創意產業與創意城市的發展及討論也帶來不容忽視的影響。

　　如果說蘭德利強調的是創意城市所需的要素與特質，那佛羅里達則是進一步具體提出創意城市的衡量指標。他將創意資本視為人力資本的衍伸，首先提出了3T公式：科技（Technology）、人才（Talent）、包容（tolerance），2008年，他再提出了地方資產（territory asset），進而形成4T概念。根據4T，佛羅里達創造了幾個指標，分別為創意階級指數、創新能力指數、高科技指數、綜合多元化指數、人才指數，其中綜合多元化指數包括了同性戀指數、熔爐指數跟波希米亞指數，佛羅里達希望透過這三個指數找出地方的包容度，因為一個開放包容的地方才能吸引不同類型的群體進駐、激發創意火花。

　　這兩位學者對於創意城市的見解為之後的研究者與國家政府打開了大

門，許多學術後進與政府組織將他們兩位的研究奉為圭臬，持續發展出各種評估指標與分析要素。依據不同的自然與人文環境紋理，歐美以及亞洲國家紛紛提出各種以蘭德利與佛羅里達兩者研究為基本內涵的創意城市指標，例如：美國直接以佛羅里達的創意城市概念指標作為衡量創意城市的標準[6]。從蘭德利、佛羅里達的創意城市指標化，到地方品牌與國家品牌的塑造，都強調任何文創產業與創意城市的發展不能只有硬體建設，也意味著我們不能只看到有形的物質，更不能只專注於經濟價值的增長。在新的創意經濟時代中，為了永續，不論是對國家發展與地方復甦來說，軟實力的培養，包括人才與各種無形的資產，都加倍重要，因為社會的循環與更迭靠的是人與價值的傳承。隨著科技進展不斷壓縮時空、聚斂全球化時代的降臨，在地特色與差異並非被抹滅，相反地已是世界舞台上競爭的關鍵。

---

[6] 創意階級指數又稱為專業創意指數，因為佛羅里達所定義的創意階級皆是直接從事創意產業的人口。創新能力指數與創意階級指數不太相同，是指一般市民的發明能力，並非只將焦點放在從事創意產業的人。綜合多元化指數則是以同性戀人口、移民人口以及自由文化產業者為衡量母體，因為這些群體常受到社會的異樣眼光或不公平待遇，所以當一個社會可以讓這些群體安身立命，代表這個地方的包容性足夠，可以允許異質性群體共存，尤其是較為弱勢的群體。

圖6　英國倫敦The Hub King's Cross共同工作空間

可惜的是，目前創意城鄉的學術研究很少重視各城市的差異性表現，如果由社會資本的觀點出發，故事力（storytelling），包括許多人、事、物互動中產生的軼聞，是拉近人際距離、形成共同價值與創造社會資本的重要力量。而文化聚落的形成，是由文化意象（Gibson and Kong, 2009）建構而成，並且是發展共同價值創造和故事行銷的基礎。因此，我們可以

說，城市的多元性指的是「微觀的總和」，每個人認同當地歷史與文化，並且自由發展、各司其職。這種個人故事的力量豐富了城市的內涵，也增加了城市的軟實力，促進當地居民認同，將城市品牌化，永續地維持一個城市的多元文化底蘊。

第一節　從英國說起

英國城市復興的探索最早出現在二十世紀八〇年代早期對倫敦道克蘭碼頭和利物浦港口區的再開發計畫，1989年英國國家藝術委員會（Arts Council of Great Britain）發表了一份名為「城市復興：藝術在內城更新中的作用」（An Urban Renaissance: The Role of the Arts in Urban Regeneration）的重要文件，強調了文化藝術在城市舊城區更新改造中的重要作用，創意產業競爭優勢的形成要根植於所在城市的特色，在特色城市的氛圍中形成創意產業的聚集化現象。[7]

從八〇年代開始，英國中北部地區陸續有越來越多的工業城市將推動

---

[7] J. Vickery, "The emergence of culture-led regeneration: a policy concept and its discontents". http://wrap.warwick.ac.uk/36991/1/WRAP_Vickery_ccps.paper9.pdf

圖7　英國曼徹斯特媒體園區

文化產業的策略作為發展新經濟和實現經濟更新的一部分，進而將文化藝術和城市更新緊密地連結在一起。例如：伯明罕1991年建設的國際會議中心吸引許多著名的交響樂團、歌劇團和芭蕾舞團前來演出，並以此為基礎建立了傳媒產業區（Media Zone）；謝菲爾德市利用老城區改造建立了文化產業園區（Cultural Industries Quartet），並且為1991年世界大學生運動會建設了高水準的體育休閒設施；利物浦成功改造了一個包括了畫廊、海

洋博物館和電視新聞中心，集藝術、休閒和商業等功能為一體的城市區域，通過復甦城市舊區，相應的文化設施、節慶活動、旅遊項目和體育賽事等得以出現，城市發展為創意產業的興起和聚集提供了巨大的動力。

　　直到1997年，英國工黨黨魁布萊爾（Tony Blair）將「國家遺產部」（Department of National Heritage, DNH），改名為「文化、媒體和體育部」（The Department for Culture, Media and Sport, DCMS），將創意產業提升到國家戰略高度。同年5月成立創意產業特別工作小組，負責追蹤國際創意產業趨勢，規劃英國創意產業發展方向，制定吸引創意產業投資的稅收優惠條款，推動幫助創意產品和創意產業走向世界的整體國家戰略規劃，並且大力引進國際資本和創意企業。英國以創意教育提升全體人民素質，並發表了政策白皮書，當年即通過立法支持十三種類別的創意產業，這除了使倫敦的創意產業產值超過金融業外，其他傳統的製造業、服務業也開始注重創意與創新，希望能重新帶起企業活力，找出新的發展方向以達成永續運作。

　　從英國開始的這波文化創意產業戰略逐漸擴散到歐洲各國，歐盟在八〇年代也推出「歐洲文化城市」（European City of Culture），透過在當選的歐洲城市舉行文化展示活動，以保護、傳承和利用文化資源，實現歷

史文化與現代文化、民族文化與多元文化的有機融合，推動歐洲文化的交流、融合與創新，這活動首先於1985年在希臘首都舉行，2000年為了紀念千禧年，更名為「歐洲文化之都」（European Capital of Culture，李明超，2008），這項活動不但關注各城市既有的文化資源，更重要的是鼓勵城市創新。[8] 歐洲各國日益體認到整個世界經濟正面臨戲劇性轉變，這種經濟結構的轉型連帶影響了文化與創意產業的興起，以及城市樣貌的變化，在勞力密集、以量產為基礎的工業化時代裡，城市發展自身資產的方式及其優先要務，與專注於高科技、以知識為基礎發展的時期有很大的差異。在工業化時代，整體城市規劃主要由上而下，本質上被視為城市工程，諸如道路、鐵路與港口等公共工程建設，這些城市工程規劃會逐漸發展成封閉式官僚、專業化與集中式的規劃系統，這種適合工廠運作的城市必然不會具備鼓勵當地人們發揮好奇心與創新力的條件，因此新創意經濟的結構變遷帶動創意城市的出現，也因此我們可以說：「偉大的成就往往是新舊的綜合體，因此歷史與創意得以相輔相成。」（Landry, 2010）

　　英國的創意城市指標主要是由英國智庫Demos、英國都市再生機構（The British Urban Regeneration Association, BURA）以及皇家特許調查公司（The Royal Institution of Chartered Surveyors, RICS）在2003年共同

合作，以佛羅里達的創意城市指標為本，發展出一套可以評估英國四十個主要城市創意競爭力的指標。[9]

　　在歐洲部分，2004年佛羅里達與提納格利（Irene Tinagli）在《創意時代的歐洲》（*Europe in the Creative Age*）報告中，以佛羅里達的3T理論為基礎，提出歐洲創意指數，共有三面向：歐洲人才指數、歐洲技術指

---

[8] 1980年代，世界政治經濟結構的轉變促成了文創產業和創意城鄉論述與實踐的興起。例如格拉斯哥當選1990年「歐洲文化城市」之後，設計各種更新城市環境、開放新的博物館和規劃文化慶典的活動，這些文化政策不僅帶動政府興建新興社區，也促成歷史建築與新城設計的和諧統一。另外一個著名例子是約克郡的哈得斯菲爾德（Huddersfield），原本這個城市在八〇年代到九〇年代早期英國重工業結構調整中受到嚴重衝擊，城市失業率急遽上升，經濟前景岌岌可危。然而在1997年歐盟推動的城市發展計畫中，該城市獲選參加並推出「哈得斯菲爾德：強健的心臟、創意的思想」（Huddersfield: Strong Heart, Creative Mind）為主題的城市創意計畫，最後得到三百萬歐元的資助。直到2000年為止，這座城市已經落實了十六項計畫，成功達成密集的網絡架設、開放分享的學習模式與城市形象再造等工作，並且催生五十家致力於新媒體與現代技術的新型企業，是推動城市創意經濟發展的成功典範。

[9] 英國的創意指標主要有三個構面：城市居民每人所獲得的專利數、非白種英國人的人數與城市中為男女同性戀者所提供服務的數目。這三個指標分別對應創意階級指數、熔爐指數和同性戀指數，可說是佛羅里達創意城市指數的簡化版本。

數、歐洲包容指數，三個面向之下又各有三個指標，歐洲人才指數包括創意階層指數、人力資本指數、科技人才指數。歐洲技術指數係由研發指數、創新指數、高科技指數所構成，對應了佛羅里達的高科技指數與創新能力指數，歐洲包容性指數則以態度指數、價值指數與自我體現作為衡量標準，與佛羅里達以同性戀、移民人口以及波希米亞人口作為評估主體不太一樣，其中特別納入國家對待傳統的方式以及群體對於人權的體現，深化佛羅里達的包容性指標。

　　另外，亞洲國家如香港、中國等，也依照國家特性發展出創意城市指標。香港在2004年委託香港大學文化政策研究中心研擬創意競爭力指標，融合佛羅里達的3T理論、歐洲創意指數以及2002年克瑞德勒（John Kreidler）所主導的創意社區指數（Creative Community Index），香港創意指標為5C創意競爭力評估體系，分別由一種創意成果與人力資本、文化資本、結構與制度資本、社會資本等四種資本所構成，5C的架構下包括了不同構面與指標，分得非常細，不過基本上仍是不離佛羅里達與蘭德利的創意城市概念。[10]

　　各家學者發展出的指標提供了城市比較競逐的基礎，但也產生了不少問題，例如：城市往往只看到創意產業的經濟發展，忽略了在地居民的需

求與感受；而在追求經濟導向下，都市發展策略多採取建設大型文化設施如文化園區、博物館、藝文中心、大學育成中心等，以吸引技術、創意人才之群聚，但這種都市發展策略多缺乏地方獨特性，忽略了當地歷史脈絡、文化習慣以及人群特徵等要素；且過度偏重文化消費的策略，漠視文化產業中生產端的培育與支持。

---

10 中國地廣人多，所以城市間特質落差大，不同城市自然也就發展出不同的衡量指標。上海市在2006年時以產業規模、科技研發、文化環境、人力資源與社會環境五個構面為基礎，做為評估創意競爭力的依據。五個構面各有不同的權重，每個構面底下再細分為數個指標，其中以產業規模權重最大，佔30%，可見上海市注重的是創意活動的經濟數據表現。（葉晉嘉，2010）北京市則是由學者于啟武在2008年提出，與上海市相同五個構面，不過在五個構面底下再細分十五個二級指標跟七十個三級指標，更為精細繁瑣。台灣也不例外，近年來也致力於創意產業的發展，以打造創意城市。台灣為了呼應全球文化創意產業的發展趨勢，行政院在2009年提出「六大新興產業發展計畫」，提撥新台幣36.49億元，並於同年5月發布「創意台灣」的文化創意產業發展方案，一舉宣布六大旗艦計畫，包括電影、電視、流行音樂、數位內容、設計及工藝產業，預期於五年內創造新台幣1兆元產值，並以文化產業結合觀光造就「台潮」，使台灣成為亞太文創業匯流中心。2010年1月立法院通過「文化創意產業發展法」，期望透過政府輔導方式，投資台灣文創產業。此外，政府也開始投注心力在藝術園區的打造與文化園區的設立，像是台北市的華山藝文中心、新竹市的蕭如松藝術園區、高雄市的駁二特區、台南孔廟文化園區等等。

圖8　中國上海

　　然而，當創意導向之都市理論成為廣泛討論的主流時，許多學者已開始質疑這種強調競爭、群聚、人才流動的都市發展過程之適切性，最大的質疑是認為佛羅里達的創意階級概念無法透過政策有效引導創意人才群聚。例如史考特（Scott, 2008）質疑佛羅里達所主張的創意都市論點，他不認同多元活力文化環境會吸引創意人才的因果邏輯，也不同意以都市文化消費為主的創意園區或寧適度是吸引創意人才之關鍵；史考特從生產面出發，認為配合文化生產系統之企業組織特性、提升就業機會以及鼓勵創業的機制配套，才是吸引並維繫技術與創意人才之聚集的根本。

　　另外，馬庫森（Markusan, 2006）則認為創意階級過度聚焦於菁英，

忽略草根人才和地方社群之重要性，因而缺乏社會包容性。另外，其他學者則強調：許多城市只重視旗艦型的專案，供應給大眾旅遊市場，而不顧慮到大筆經費的轉移會使在地最需求的資源遭到剝奪。（Grodach and Loukaitou-Sideris, 2007: 349）

　　本書之所以採用「創意城鄉」作為主題，是希望跳脫以「城市」為單一研究對象的侷限，討論與分析的對象可大可小，不僅限於應用在與城市有關的論述，亦可應用在其他規模的區域範圍，小從鄉里、大到國家甚至全球疆域版塊。本書所著重的是在地生活中，集體文化與價值的認同，不管是城市或鄉里、國家或區域，建構當地的敘事者的方法與視野會決定該場域的界限與想像標的。

　　不管是個人、社群與城鄉關係，都需要透過同理心與共識才能凝聚為一個共同體，也因此這裡所指的「城鄉」並不是指具有特定具體的地理範圍，而是泛指具有認同感與向心力的個體集結在一起的區域聚落；它不是客觀的物理存在，而是行動者主觀上的集體認同，也就是故鄉的概念。

　　如果用政治地理學家艾格紐（John Agnew）界定地方作為「有意義區位」的三個基本面向：區位、場所、地方感來說明，本書所著重的是「地方感」，也就是指人類對於地方具有主觀和情感上的依附（Agnew, 1987:

15），這正是人們在空間上創造了特殊的意義與價值認同，普遍性與同質性的空間才能成為具有特殊性的故鄉，人文地理學者段義孚也曾指出：「隨著我們越來越認識空間，並賦予它價值，一開始混沌不分的空間就變成了地方……。」（Tuan, 1977: 6）

段義孚所提出地方的概念對後來的區域地理學與地方概念的發展影響極深，他在《地方之愛》（*Topophilia*）闡述「地方之愛」指涉了「人與地方的感情聯繫」（Tuan, 1974: 4），而這種聯繫、這種依附感，乃是地方作為「觀照場域」（Field of care）觀點的基礎。因此，地方不再只是一個外在於人們存在的物理空間，而是必須透過人類的感知與經驗建構的意義創造物，不只如此，這個人與空間的結合體將進一步成為我們觀看、認識和理解世界的方式。

因此，本書主題「創意城鄉」的重點是分析具有共同感的集體聚落如何建構屬於自己的論述與敘事，如何賦予自己群體生命歷程的價值與認同。如同韋可（Vico）所指出：「人們製造了他們自己的歷史，他們所能得知的便是他們已經製造出的那些。」（Said, 1999: 6）不論是城市或國家，都不是一個被動、既定的自然地理概念，任何的地理實體同時也是文化實體。也如薩依德（Edward W. Said）所描述的東方概念：「東方這個

理念是有歷史的、有思想源流的、想像性的，它的意義存在於西方，同時也是為了西方而出現，並被賦予實在（reality）的一個字彙。」（Said, 1999: 6）我們所討論的任何地域空間都不是中立真空的存在，而是被人類的各種權力運作，包括政治性、知識性、文化性、道德性等權力運作所形塑而成，因此，不論是城市、鄉村、社區、甚至國家，都需要透過建構一套屬於自己的故事與論述體系，來賦予生活在其中的個體集體的認同意義與值得共同追尋的文化價值。所以，創意城鄉的對象可以指世界上的任何一個地方、任何一塊區域，只要生活在這片土地上的群眾對此具有相同的認同感與向心力，都有發揮創意城鄉的潛力與可能。

　　創意城鄉中的集體組成可能來自於先天的血緣或地緣關係，但更重要的組成關係是薩依德所強調的聚合聯繫（affiliation），相對於血緣聯繫（filiation）是先天的、自然的、既定的、生理的、血脈相承、無法改變的關係，薩依德更重視的是聚合聯繫這種後天的、文化的、彈性的、主動的、可隨著主觀意志改變的認同及歸屬關係。每個人都無法改變與生俱來的本能與特質，但聚合聯繫可作為一種「補償性的秩序，……不論政黨、機構、文化、信念，乃至於世界觀，這種補償性的秩序為男男女女提供了一種新的關係形式」。（Said, 1983: 19）這種聯繫關係提供一種主動選擇

的身分認同，是專屬於文化與社會領域特有的關係，唯有透過主動積極的尋找認同與意義，才能獲得精神與知識上的自由。

正因為人類的共同活動，包括文化、社會、政治等不同因素的影響，才能形塑出每個區域不同的樣貌，才能賦予均質的空間不同豐富的生命意義與多元特色。事實上，每個地方都擁有自己獨特的文化基礎，也都具備發展出與眾不同的創意潛力，但在目前以經濟論述為主流的單一文化支配下，每個城市的發展模式日益趨近，慢慢的失去訴說屬於自己在地故事的能力，忽略建構論述本身就具備影響現實的能力以及改變世界的可能。建構一個城鄉的敘事與表述方法，決定了一個場域所被賦予的異質想像與目標，無論是以地方永續經營為目標策略，或者是以產業別分項產值的文化創意產業，個人、社群與城邦關係始終都需要借重人人具有的同理心才能凝聚為一個城鄉個體。也就是說，個人需要具備將自我向外延伸到社會的概念；而若要進一步地產生認同感，則需要更多的情感元素才能達成。這裡希望提出的是，不論是新舊世代，情感元素的獲得都是從故事中萃取而來的，這也是城鄉永續的關鍵條件。

回顧當前關於創意城鄉的學術研究很少重視各城市差異性的表現，但其實差異才是充滿生機與另類可能的所在。正如李維—史陀（Claude

Lévi-Strauss）所說：「差異是充滿生機的，唯有通過差異，才能有所進步。」（Lévi-Strauss, 2001: 43）李維一史陀也指出，目前真正具有威脅性的是所謂「過度交流」（over-communication）的同質化趨勢。「我們現在正受著一種可預見的情勢的威脅：我們變得只是一群消費者，能夠消費全世界任何地點、任何一個文化所生產出來的任何東西，而失去了一切的原創性。」（Lévi-Strauss, 2001: 43）

然而，經濟產值將一切價值與特色夷平為數字上的高低，這是十七到十八世紀科學革命所帶來的後果，「科學有必要運用與抱持神話思維和玄密思想的老一輩相抗衡的態勢，來奠定自身的地位。」（Lévi-Strauss, 2001: 23）正因為如此，科學只專注於所謂可以客觀化的量值比較，不但忽略也刻意輕視不同事物本質之間的無法共量與無可取代性。直到最近人文科學才逐漸轉回對質性層面的重視，事實上，在生命與思維之間，並不像十七世紀科學哲學二元論所主張的那樣存在一條無法跨越的鴻溝，科學與神話之間的距離遠比我們以為的更加接近，兩者之間的共同性遠比我們想像中大。透過揭露神話中的深層結構，我們可以發現一些超越不同種族、文化、社會界線，人類心靈的共同基礎，李維一史陀所從事的正是這樣的努力，「儘管各個人類群落彼此之間有多少文化上的歧異，但是一切

人類的心靈都是一模一樣的，也都具有同等的能力，這可能是人類學研究的諸多定論之一。」（Lévi-Strauss, 2001: 42）

原型（Archetype）能夠賦予個人生命的價值意義，相對於本能對心靈造成的衝擊，當個人覺得被生理的需要或必然驅策時，原型的影響則會使個人籠罩在巨大的觀念與意象中，兩者皆以類似方式動態地影響自我（Self），掌握、擄獲和驅策自我的形成。原型意象能讓個人覺得有內涵與意義，例如，人們可能會因為國旗、十字架等意象，以及像民族主義、愛國主義、忠於個人的宗教或國家等觀念而毅然的犧牲自己的生命。個人會投入聖戰和無數看似非理性或不切實際的行動，這都是因為參與者覺得「這讓我的生命有意義！這是我所做過最重要的事情。」意象與觀念強而有力的推動自我，並產生價值與意義，因此，原型不是思考的工具，而是引導自我發展價值與追求意義的「精神指引」，如榮格所說：「所有神話學、宗教和主義的基本內容，都是原型的。」（Murray Stein, 1999: 130）

第二節　故事所創造的故鄉

自從馬歇爾（Alfred Marshall）1980年出版了一本具重大影響力的著作《經濟學原理》，到帕克（Robert Park）1920年的研究，以及珍‧雅各

（Jane Jacobs）開創性的著作，城市一直是吸引社會學家、經濟學家、城市學家的目光焦點。對於帕克及雅各而言，城市可說是匯聚多元、差異、創意與創新的大熔爐，然而近幾十年來，城市生活的根本課題卻逐漸被忽略。一般而言，近二十多年來，對於區域發展的議題，最常聽到的見解是企業或產業能帶動地區的創新與發展，幾乎所有文獻的焦點都集中在區位上，近來則聚焦於產業群聚的效應。從政策角度來看，這種概念式作法，也引發政府加強尋求提供財稅誘因等手段吸引企業進駐、帶動地方成長的政策。（Florida, 2006: 46）

不過，對城市研究的關注近年有所轉向，普特南（Robert D. Putnam）等學者把目光焦點轉往鄰里、社區的城市社會功能上，而像格雷瑟（Edward Glaeser）、克拉克（Terry Clark）等學者則聚焦於人力資本和消費的流動，還有以城市作為追求生活型態與休閒遊憩場所的區域等課題。佛羅里達指出，當代關於城市研究最大的迷思是：「地理因素已死（Geography is dead）。」事實上，雖然地理終結的論述從十九、二十世紀交替之際就已存在，但現實世界的發展顯然證實了地理因素的重要性並沒有因為科技的進步與經濟轉型而削減，人們不但依然高度聚集於某地，包括經濟活動本身（推動經濟成長的高科技、知識經濟型及創意的產業）

也依然集中在某些特定地方，如奧斯丁、矽谷、紐約市、好萊塢等，正如過去汽車製造業聚集於底特律一樣。經濟型態的轉變並沒有改變人們的群聚習慣，從帕克到湯普森（Wilbur Thompson）等研究都市與區域成長的學者，早就強調「地方」在孕育創造力、創新與新產業上扮演的角色。（Florida, 2006: 50）

雖然地理因素並未終結，但影響人們聚集在某些特定區域的因素已有所改變，傳統的經濟學家與地理學家一致認為，經濟成長是由特定區域、城市或地段推動或帶動的，和生產成本息息相關。一個地方之所以會成長發展，不是位於交通要衝，就是擁有豐富的自然資源等地理優勢吸引產業入駐；一個地方的經濟地位跟在當地生產經營的效能有密切關係。因此，在這種理論支持下，政府就會利用財稅優惠或公路建設等方式吸引企業進駐，但這些與成本有關的條件因素現在已經不再具有成功的決定性影響。

在新經濟時代中，區域理論焦點已經從有形資產轉移到無形資產上，新的區域人力資本理論主張，區域成長的關鍵不在降低企業營運成本，而在提供受過良好教育、高生產力的人力。這是由於珍・雅各提出並影響達數十年之久的洞見：「營造獨樹一格的城市，就能吸引有創意的人才進入，進來的人才也會幫助城市的經濟成長。」（Florida, 2006: 57）她的研

究也引發許多有關國家成長的研究，研究發現一個國家的經濟成長跟它的人力資本（依據教育程度來衡量）有明顯的關聯。

當城市特點從具體區域的生產條件轉變為無形的創意活力之聚合，一個具有創意的城市規劃需要規劃者擴大自身視野與見識，以便在了解城市生活經驗上能更富有想像力；另一方面，也要開發群眾的想像力與創造力來建設打造所謂的創意城市。因此，人才與其感受被視為重要城市資產，這意味著創意城市的規劃不僅只是完整的硬體基礎建設，更重要的是從情感面思考人的價值。在新創意經濟時代中，人才資源已經取代天然資源，成為競爭力的主要來源，人類的才華、技能與創意，也取代了過去城市資源所強調的地點、天然資源、勞動力規模與市場通路等，成為城市資源的主要動力。

城市的核心與成就已經從可見的宏偉壯麗的建設與亮眼的生產數值，轉移到不可見的創意活力，城市的力量如羅蘭·巴特（Roland Barthes）所言：「城市是我們和他人相遇的地方……，城市中心被認為是社會活動交換的地方……這是一種感性，充滿情慾的活動。城市中心總是被認為是各種顛覆性力量、分裂的力量、以及遊戲的力量作用與匯聚的空間。」（Barthes, 1986: 96）

人類與大自然的相互關係，長期被數據或效率導向的經濟模式破壞侵

蝕，人們為了追求更高、更快的經濟發展，持續地破壞自然生態平衡，這種急功近利的發展模式目前面臨嚴峻挑戰，面對著自然不斷的反撲，天災人禍層出不窮，我們除了需要反思過去所追求的發展模式對環境甚或人類本身造成的危害，當務之急是建立一個共同創造、面對未來挑戰的新世界觀與生活觀。

創意城鄉成功的關鍵在於是否能凝聚在地認同感與向心力，建立一個越界共享的在地文化與故事，簡單來說，一個城鄉之所以能夠成為一個聚落，並讓個人融入社群生活，必須提供適切的價值取向，成為一個讓社區源源不絕地再生與演化的生態系統。為了能增進社群認同感，則需要挖掘出地方更深層的價值與性格，進而讓不同個體能夠在同一場域裡生活、形成聚落。要為社會培育未來的競爭力，吸引好的人才，良好的環境與社會營造其重要性不言可喻，個人、社群與城邦的合理關係早在歷史進程裡以多元的文體與形式不斷地被論述。[11]

以創意為核心的城鎮會強調凝聚認同感、發展地方特性以及產生與眾不同的信心。創意是在一個包容多元且開放的空間環境中才可能醞釀生成，涵納生活在其中的人們各種不同的觀點，包括在地居民與外來者、老人、小孩與女性，試圖從不同族群的角度來看、來思考一座城市或一個鄉

鎮的可能發展，新的創意想法才能與城鎮成長共存共榮。

正如克羅諾（W. Cronon）所說：「我們所說的故事，就像我們所提的問題一樣，最後都是和價值有關的。」（Cronon, 1992: 1376）價值才是我們最終追求的目的，唯有透過集體共同的價值與意義，才能賦予個人生命存在的重量與根基。

---

11 在傳統中國文學的領域中，早在老子《道德經》裡即有「小國寡民。使有什佰之器而不用；使民重死而不遠徙；雖有舟輿，無所乘之，雖有甲兵，無所陳之。使民復結繩而用之。甘其食，美其服，樂其俗，安其居，鄰國相望，雞犬之聲相聞，民至老死不相往來。」短短幾行字，卻已經道出了老子對一個社會管理方式的想像與期待；而陶淵明的《桃花源記》裡的：「土地平曠，屋舍儼然。有良田、美池、桑、竹之屬，阡陌交通，雞犬相聞。」即是提供一種人生觀價值的寫照，即使桃花源並不真實的存在，但他所描繪那沒有階級劃分的和諧社會，卻令世世代代的人為之嚮往。元末明初，中國第一部章回小說《三國演義》中就已經提出了：「良禽擇木而棲，賢臣擇主而事。見機不早，悔之晚矣。」比喻真正賢達的人才，會選擇適合其生存發展的地方。

第二章 文化與故事：單一神話

「無論我們鑽研多少地圖，研究多少模式，都是為了給後代生活更美好的深刻承諾，而喚起建立新的未來所必須的想像力及堅定意志。沒有什麼能如故事般深入我們集體的想像，告訴我們需要得知的真相。」

（Ray and Anderson, 2008: 280）

圖9　小金門

　　故事，是我們想像世界的最初藍圖，也是我們對世界的創造文本。人類在還沒有文字之前，口述故事就已經廣為流傳，並且深受喜愛。不管是在公共場合用來作為娛樂或教育目的的說故事活動，或者是一般家庭中長輩說給孩子聽的民間故事，這些故事一代傳承一代，持續建構人類共同傳承的文化，也凝聚了各個團體、族群、民族、國家的向心力。說故事不只是人與人之間的溝通交流，更重要的是一種文化的創造、傳承與發揚。

　　人類在世界上創造許多故事，而且多半依照故事的情節生活行動，我們的生命有很大程度仰賴於有意無意間所採取的故事藍圖準則，透過訴說故事賦予生活經驗意義，也因此有力量藉著對故事的認識而「實行」自己

的故事。故事，賦予我們生命的意義，也是我們生活產生意義的動力來源，如麥基（R. Mckee）在《故事》（*Story*）中提到：「故事是為我們自己的世界製造意義的動力 。」[12]

　　故事之所以精彩動人，是因為故事裡所傳達的訊息與意義超越我們有限的認知。古老的文化傳統透過故事銘刻在每個人身上，在傳統社會中，長輩是說書人，也是智慧的傳人，透過故事傳遞為人處世的智慧，幫助人在生命的每個階段了解自己在社群裡的角色及責任。如同安德森（Benedict Anderson）提到傳統宗教的世界觀中包含了許多神的傳說與故事，而這些宗教故事都具有一個偉大的價值，就是人類作為物種的存在，以及生命之偶然性的關心。佛教、基督教或者伊斯蘭教，這些異質的宗教世界觀都能在不同的社會群體中存續繁衍，此一驚人的事實，證明了宗教對於人類苦難的重荷，如疾病、肢體殘廢、悲傷、衰老、和死亡，具有充滿想像力的回應能力，也因此長久地令人心嚮往之。（Anderson, 2010: 48）

　　然而，西歐社會經歷了十七世紀科學革命、十八世紀工業革命，逐漸

---

[12] 原文為：It is common consensus that Story is a vehicle for sense making of our own world.（Mckee, 1997）。

邁入現代社會，理性取代了感性、科學戰勝了傳說，故事成為一種可有可無的消遣。現代人被各種工具主義、理性計算、邏輯思維滲透掌握，不但失去了說故事的能力，也喪失了聆聽故事的時間與耐心；但當一個社會失去訴說故事的能力，其後果卻是難以想像的，世界著名的神話學大師坎伯強而有力地指出：「一個缺乏神話的民族，就好像一位不會作夢的個人，終究會因創意的喪失而枯耗致死。」（Campbell, 1997: 5）「現代主義沒有共同的神話給予連貫性，沒有指導性的故事在生命的各階段教育個人，將社會共同體建置於生命偉大的奧祕中。我們就如他所說，正走在沒有經驗傳承的路上。」（Ray and Anderson, 2008: 329）

現代社會的各種問題來自於缺乏生存的意義，天主教牧師暨歷史學者貝里（Thomas Berry）也感嘆：「這全是故事的問題，我們現在就有麻煩了，因為沒有好聽的故事。我們處在故事與故事之間的空白期，舊的故事敘述這個世界怎麼形成，我們如何融入這個世界，都已經不再合乎時宜，然而我們還沒有聽到新的故事。」（Ray and Anderson, 2008: 116）

故事承載著深層的文化意義，一旦社會文化開始變遷，人們即開始渴望擁有新的故事與圖像，這協助我們明白改變的意義，也幫助我們找到彼此的關連，包括人與人、人與自然界，以及我們的過去、現在與未來的連

續性。從文化觀點來看，說故事與聽故事不只是個人經驗的分享，而是關於「社群」（Community）的共享歷程，拉丁文的 cum 及 munis 意思為「一起給予」，真正的社群裡，人們會相互分享個人生活經驗。

二次大戰後我們也可以觀察到，當個體失去故事時會產生混亂及迷失方向；而當民族失去故事時，整個文化便會遭受莫名的病狀。（Ray and Anderson, 2008: 329）榮格派的分析師伍德曼（Marion Woodman）也這樣告訴我們：「沒有了故事，我們在個人的世界瓦解時，就無法回想起我們自己的身分。」

由此可知故事對個人與集體的重要性，不管是個人生命或者集體命運都需要意義，而故事正能賦予我們賴以維生的意義，在故事中，身體與靈魂、感性與理性的旅程得以開展，一個人或集體的完整生命便可以浮現。如創立「治療之聲」的莫琳・瑞鐸（Maureen Rogers Law）指出：「我們希望：一種集體的團體智慧能藉由聽到這些故事而發展進化。正當我們傾聽每個人獨特的故事時，到最後，我們聽到的是舉世共通的故事。」[13]

---

[13] 1999年莫琳・瑞鐸已從癌症復原十年，她在歐美兩地創立了罹患重症的病友圈。在名為「治療之聲」的非營利團體的保護傘下，這些圈內人聚會分享「真正的冒險故事，故事由

如果要創造生活的意義、表達我們自己，經驗就必須「成為故事」，「成為故事」這件事決定了我們如何賦予經驗意義。為了創造生活的意義，人必須安排自身事件經驗的時間順序，建立自己和周遭世界前後一致的一份紀錄。他必須把過去和現在、以及未來預期會發生的事件經驗連成線性順序，才能夠建立這一份稱之為故事或自我敘事的自我紀錄。（Gergen & Gergen, 1984）

所有的故事都有開始（或歷史）、中途（現在）、結束（或未來）的歷程，而故事的敘述方式決定我們看待過去經驗、現在存在與未來發展的可能。以布魯納（E. Bruner, 1986）對北美原住民的田野調查工作為例，他清楚地呈現不同歷史與未來的新故事會徹底改變人對現在生活狀態的詮釋。在1930到1940年代之間，北美原住民的故事把他們自己過去的歷史建構為「光榮」，未來建構為「同化」，在這種故事脈絡之下，不管人類學家或北美原住民自己，都把北美原住民平日生活的「事實」詮釋為「崩潰」與「解體」，並將「現在」詮釋為從過去的光榮到未來同化過程的過渡期。這種對歷史的詮釋產生了真實的效應，例如它使主流文化的干預變成了正當的事情，包括不合理的領土劃分。

然而，到了1950年代，新的故事出現，這個故事將他們的過去建構為

「被剝削」，未來建構為「復興」。雖然他們日常生活的「事實」在這個時期之內並沒有重大改變，但由於新的故事提供了新的意義脈絡背景，於是這些「事實」便有了新的詮釋，還使得北美原住民在現存經驗上表現出「閱讀」原先故事時沒有看見的許多面向，也進一步實行這些面向的意義。現在，他們對這些事實反應的不是解體或崩潰，而是反抗。

最後，布魯納指出：「以我所見，我們的敘事一開始就已經包括開始和結束，因而給了我們架構，使我們得以詮釋現在。我們並不是先有一些資料、事實，然後非得建構故事或理論來解釋這些資料、事實。其實我們建構的敘事結構並不是關於資料的第二個敘事，而是原始敘事；是這個原始敘事建立了資料。新的敘事在我們的民族誌當中產生了新的詞彙、句構、意義，界定了這些民族誌當中的資料。」（Bruner, 1986: 143）

故事，不只是一種外在於事實的建構，而是我們日常生活的重要元素。故事的功能不只是對世界的描述、詮釋方式，而是我們認識世界的框

診斷出即將威脅你和你生命中熱愛的一切開始。」在莫琳稱之為「故事圈的神聖空間」裡，身體與靈魂、感情與理智的旅程得以開展。人們學習傾聽疾病的個人意義，感受憤怒、恐懼與絕望，學著與之共存並知道自己會熬過那一切。她說：用這種方式，每一個人完整的生命便可以浮現。（Ray and Anderson, 2008: 227）

架與雛形；故事的意義不只是前人的智慧與經驗的結晶，更重要的是現在個人與集體的創意能力，以及開發未來社會世界發展的可能空間。

最古老久遠的集體故事就是神話，神話長期以來對一個民族知識與文化價值的傳承與創造都佔有關鍵性地位。神話和一個民族的宗教與信仰系統息息相關，其貫穿所有宗教、文學、藝術、文化人類學、社會學、生物學、語言學、心理學和生態學各領域，坎伯相信，人類並不單純為了聽故事而讀神話，人們讀神話是要尋找其中意義。在神話中得以接觸永恆，發現自我，參悟生死，體觀神性；換句話說，透過神話，人們學習生命的智慧，咀嚼存在的經驗，思考自然的奧祕。因此，他指出：「神話的主要功能是使我們與現在身處的時代與環境發生意義，而非數千年前那些遙遠而陌生的時代。」（Campbell, 1997: 17）

受到榮格心理學派的影響，坎伯認為神話和夢一樣，充滿了各種隱喻與象徵，並且是人類活動動力的泉源。他提到神話在所有人類居住的地方、各個時代和情境中盛放著：「它們一直是人類身體與心智活動產物活生生的啟發。」（Campbell, 1997: 2）

包括各種宗教、哲學、藝術、史前和歷史人類的社會型態、科技的重大發現，以及擾動睡眠的夢境，都是從這基本、魔術般的神話指環中沸騰

起來的，「奇妙的是，觸發深層創造中心的特殊力量，就在極短的枕邊童話故事中……好似一滴小水珠包含了大海的風味、一粒跳蚤蛋濃縮了生命整體的奧妙」（Campbell, 1997: 3），從神話中可以看到人類心靈源頭完整的潛力。

神話是各種隱喻與象徵的表達，任何個人或文化的英雄神話都在闡述真、善、美的真諦，並依此教導我們寶貴的文化啟示。坎伯在1948年出版了《千面英雄》（*The Hero with a Thousand Faces*），這本書也被譽為影響二十世紀最重要的書之一，在書中坎伯針對各種神話背後的原型進行研究，而以不同文化中共有的英雄冒險故事為焦點，說明除了表面孤獨的英雄人物外，還有蘊含在不同故事背後的同一型態。他指出「主題永遠只有一個，我們所發現的是一個表面不斷變化卻十分一致的故事。其中的神奇與奧祕是我們永遠體驗不完的」（Campbell, 1997），此書出版後，成為神話學領域的經典之作。坎伯的研究遍及人類學、考古學、生物學、文學、哲學、文獻學、榮格心理學、一般神話、比較宗教、藝術史及流行文化等領域，其思想的創造性在當代的科學、文學、藝術作品詮釋中注入人文價值與精神體驗，讓我們能夠貫穿時代，參透人類共同的命運。

坎伯從全世界各地以及許多歷史階段的神話故事中，找出一種典型的

英雄行動規律，基本上，他認為神話英雄只有一個原型，他的生命被許多地方的民族複製，傳說中的英雄通常是某種事物的創建者，例如新時代的創建者、新宗教的創建者、新城市的創建者、新生活方式的創建者等。為了發現新的事物，人們必須離開舊有環境去尋找一種能醞釀帶來新事物的觀念，人離開現有世界，然後深入、遠行或高攀，在那裡找到平日生活世界裡欠缺匱乏的東西。英雄的歷險訴說人類心靈試煉、回歸的過程，未經過如此的過程，生命不能獲致豐富而多彩的境界。

坎伯的神話英雄原型的概念深受瑞士著名的心理學家和精神病學家榮格原型心理學的影響，接下來，我們將進一步說明原型的意義與作用。

第一節　原型的意義

> 「真理只有一個，而哲人以不同的名字說出。」
> ——《吠陀經》（Joseph Campbell, 1997: 426）

我們無論經歷了多麼獨特、如何與眾不同的人生境遇，還是都可以在某本書中的某個片段、電影或電視中的某個情節、或者是遙遠的神話故事中找到感同身受的悸動。依照榮格的觀點來說，這是因為全人類都擁有一份超越了時間、空間和文化等表面差異的共同心理遺產。神話學家和人類

學家不約而同的也逐漸發現，某些同樣的主題、情境和故事，是一而再、再而三地在世界各地、老老少少身邊上演。

除了上段所提到在神話學領域的坎伯之外，在人類學領域發展原型的學者是英國劍橋大學人類學教授弗雷澤（J. G. Frazer），他是文化人類學的代表人物，最著名的著作是《金枝》（*The Golden Bough*），這本書建立了神話、儀式與文化之間關連的龐大體系，其中弗雷澤提出了「交感巫術」理論，以此表現原始民族思維和行動的原則。所謂「交感巫術」是指在原始人類的世界觀中，人與自然之間始終存在著某種交互感應，因此，原始人類透過各種儀式活動，把自我的情感、願望與意志投射到自然中，以達到控制對象的目的，他透過研究和考察發現不同民族和地區的神話儀式有高度的相似性。（Frazer, 1991）

在心理學領域發展出原型理論者則是榮格，榮格曾經是精神分析學派大師佛洛伊德（Sigmund Freud）的學生，但他之後發展出一套自己的分析心理學理論。相較於佛洛伊德的精神分析理論，榮格認為「里比多」（Libido）不僅是性的能量，而是具有普遍的、廣泛意義的生命能量，針對佛洛伊德的潛意識領域，榮格認為對生命產生影響的不只個體潛意識還包括集體潛意識。他指出：「集體潛意識是心靈的一部分，它有別於個人

潛意識，就是由於它的存在不像後者那樣來自個人的經驗，因此不是個人學習所獲得的東西。」

「比起集體的汪洋大海來說，個人心理只不過如一層表面的浪花而已。而集體強而有力的因素則改變著我們整個人的生活，改變著我們整個世界，創造歷史的也是集體的心理。」（《榮格文集》，2011）

集體潛意識潛藏在個人意識的最底層，是早已存在、具有普遍性的原始先民集體記憶，因此，集體潛意識才是人類各種活動的源泉，包括各種文學與藝術創作。榮格將集體潛意識理解為心理結構中最深刻、隱密的部分，聚集著人類有史以來所有經驗與情感能量。為了說明集體潛意識的存在，榮格引入「原型」（archetype）這個概念，他認為不同的故事情節只是個人潛意識的內容，原型則是集體潛意識的內容。

「原型」是「最初模式」的意思，早期應用在宗教、神學與哲學中，在神學和宗教領域，「原型」是指人類物質世界的精神本源；在哲學領域，「原型」則與柏拉圖提出的「理念」相類似。榮格是最早把「原型」概念應用在心理學領域的學者，他對原型提出的解釋為：「原型是領域的典型模式，每當我們面對普遍一致和反覆發生的領悟模式，我們就是在與原型打交道。」（《榮格文集》，2011）原型是深層集體無意識的內容，

它在經歷歷史的不斷變遷之後，逐漸從具體可感的圖像轉化成無意識的知覺行為模式。

從榮格的觀點來看，原型是集體無意識的外化，而文學藝術所表現的就是含有無意識內容的原型意象，其之所以具有打動人心的魅力正來自於表現出的集體無意識。「藝術是一種天賦的能力，它抓住一個人，使他成為它的工具。藝術家不是擁有自由意志，尋求實現其個人目的之個人，而是一個允許藝術通過自己實現藝術目的之人。」（《榮格文集》，2011）

原型之所以如此恆久永傳，可能因素是這些原型基本上都反映出了我們內心的實相與掙扎。外在的特定細節固然可能有所差異，但這趟人生旅程的本質卻總是相同的。

受此原型概念的影響，對神話學深有研究的坎伯主張，在世界各地所發現到的各種神話和原型，基本上都在表現人類的內在「戲碼」：「我們可以把它們視為從創造的奧祕中找出『生而為人的意義』這股永恆驅力的不同表現。」（Campbell, 1997: 47）

根據榮格的假設，原型是人類心靈中深刻固著的模式，力量強大而永恆存在，指引著你我的思考和行為。因此，我們可以在夢境、藝術、文學及神話中清楚明白地看到原型的展現，甚至僅從觀察我們自己的言行，以

及對這些言行的詮釋方式就可看出形成生命的各種原型樣貌。生命的探索之旅，是經歷各種原型的不斷轉化，靈魂踏上旅程，開啟一段又一段的冒險，英雄之旅不是線性發展，而是呈現螺旋狀不斷來回穿梭。人類就在不同深度、廣度和高度的原型之間轉化成長。

皮爾森在《影響你生命的十二原型》（*Awakening The Heroes Within*）一書中，以探索之旅的三階段：準備期、探索期、返回期，呼應人類心理發展的三個階段：自我（ego）、靈魂（Soul）、本我（Id），並以此進一步區分出十二種原型。「自我」層次教導我們如何在現實世界安全生存及獲致成功，自我是生命的容器，是人與萬事萬物之間的中介，它幫助我們思考人與物質世界的關係，幫助我們適應和改進身處的環境。「靈魂」層次幫助我們面對生命的奧祕時，能夠真實無偽，精神則幫助我們超越個人的侷限，並且蘊藏了人類的一切潛能，使我們的內在潛力如種子般，在碰到恰當時機時發芽。而「本我」則幫助我們找到真實、無懼和自由的道路，本我賦予了我們個人認同感，有了本我，我們才能認識自己，並將四散的精神合併，體會到合一統整的感覺。本我的任務就是幫助我們找到合宜的生活方式，使人生美滿快樂。而對應這三個階段的原型分別是：

（一）準備期（自我）的原型——天真、孤兒、戰士和照顧者，幫助我們踏上內心覺醒之旅。通過這四個原型的引導，我們學會了在世上的生存之道，發展出自我的能力，並且成為充滿道德正義，對社會、對人群有貢獻的人。

（二）探索期（靈魂）的原型——追尋者、破壞者、愛人者和創造者，幫助我們面對精神層次和成為自己。

（三）返回期（本我）的原型——統治者、魔法師、智者和愚者，幫助我們表達真我、改造生命、超越探索並得到自在圓融。

生命歷程可分為六個主要階段（童年期、青少年和前成人期、成年期、中年轉變期、成熟期和老年期），在每一個階段都會影響所出現的原型，生命的每一個歷程中，基本上會有兩個完全相反的原型出現，它們互相激盪、展現生命的多變樣貌。當我們學習結合這兩種對立衝突的原型時，我們會覺得生命更加充實、生活更有效率。特別的是，原型發展與生命順序並不相吻合，雖然原型的確可以幫我們成長和發展，但它們是獨立存在的精神體，它們可能在生命的任何階段以任何方式出現。

原型是所有偉大的文學、藝術、音樂作品的基礎，除了幫助我們度過生命中的重大轉捩點之外，它們對我們的生命還有許多貢獻。

　　生命的每一個階段中，我們都必須要學會該生命階段的生命課題，藉著學習特定的生命課題會引發、觸動與之相關的原型。在生命持續發展的過程中，各種原型都可能會在生命中任何一個階段出現，例如，當我們陷入愛河時，愛人者原型就會出現；純真的天真者原型會表現出頑皮的孩童特質，但一般而言，只有在生命晚期，天真者才不僅只是個小丑，也是個大智若愚的人。（Pearson, 2009: 360）

　　雖然每個人會因為其生命背景因子的不同，如國家、種族、性別、階級等因素，在歷經英雄歷程時，於形式上或順序上有所不同，但無論如何每段生命的發展都會經歷相同的成長階段。英雄主義最終還是牽涉到人格完整的問題，這是人在每個發展階段中，如何認識自己、貼近真實的旅程，每個人在過程中都會受到原型模式的規範，才能發現自己的獨特性。

　　我們在發展生命歷程中，一方面具有相當獨特的個人經驗，另一方面又是活在原型的普遍性下，不同文化社會以各種方式鼓勵個人或團體認同原型，人類的發展因而還是會分別受到各種原型力量拉扯的影響。我們都帶有各種不同原型的因子，但在不同的情境、社會文化形塑下，某種原型的形象會特別突出，其光彩會掩蓋其他原型的力量，被某一種原型支配的個人或團體，會將此原型的目標視為無可取代的珍貴，而此原型最深的恐

懼也會成為個人或團體深切的問題根源。

在個人層次上，可以透過原型追求生命的意義與存在的價值；在集體層面，可以透過原型共創一個集體共享的靈魂，一個共享的集體意義與價值。接下來我們要談的就是在集體層面上原型的應用，我們故事的英雄主角不是個人，而是集體，集體可以是一個鄉鎮、一個城市、一個國家的民眾聚合體，這些集體如何形成一股共同的力量，一起邁向獨特珍貴的英雄歷程？他們要如何創造屬於自己的故事？如何尋找出集體原型的渴望，並透過原型追求的動力開創嶄新的集體意義與生命價值？

第二節　原型的應用：想像的共同體

現代社會中，人們已經遺忘了神話故事的重要性，在日復一日忙碌的工作中，踏上自己的英雄歷險成為一種遙不可及的夢想，缺乏生命意義與存在價值也是現代人普遍的困境。正因為如此，我們更應該找回創造故事的能力，在一個意義解體的時代中，我們更需要故事重新賦予生命意義與重量。

然而，社會也是如此，一個缺乏集體想像的社會遺失了共享的思想、記憶與認同，集體陷入難以承受的虛無，尋找認同與故鄉歸屬是人類天

圖10　2010年威尼斯雙年展義大利館，設計者aldo.cibic，作品名稱為 "Rethink Happiness"

性，安德森正是從這點揭露了民族主義興起的契機與功能。吳叡人曾形容安德森的腦袋裝滿了「這個人類的大地」（This Earth of Mankind[14]）裡面各種橫跨古、今、東、西的人間悲喜劇。安德森是一個愛說故事而且善說故事的「講古仙」──對他而言，具體的人間故事裡蘊藏著真正動人的思想。然而他解讀人間故事的奇特洞察力，來自於他對寫故事、說故事的人，以及故事裡的人物深切的同情與理解。（Anderson, 2010）

　　安德森本身就是一個充滿異鄉色彩、流浪氣質的智者，他認為民族的想像能在人們心中召喚出一種強烈的歷史宿命感，一方面是因為民族的想像和種種個人無可選擇的事物，如出生地、膚色等密不可分，另一方面是因為民族最重要的媒介「語言」往往因其起源不易考證，更容易使這種想像產生一種古老而自然的力量。無可選擇、生來如此的「宿命」，使人們在「民族」的形象之中感受到一種真正無私的大我與群體生命的存在，更在人們心中誘發了一股無私而尊貴、並願意自我犧牲的情感。

　　而民族主義興起的主要背景是因為西方國家經歷了啟蒙運動與理性世俗主義之後，傳統宗教式的思考模式已經不敷使用，缺乏現代神話解釋生命意義，使得集體心靈陷入黑暗期。在這個轉折的時代亟需經由世俗的形式，重新將宿命轉化為連續，將偶然轉化為意義，而民族主義正好提供這種需求，這也是民族主義的魔力所在。正如德布瑞（Régis Debray）的話說道：「是的，我生而為法國人是相當偶然的；然而，畢竟法蘭西是永恆

---

14 This Earth of Mankind是安德森最喜愛的印尼作家拓爾（Pramoedya Ananta Toer）的名著書名。

的。」（Anderson, 2010: 49）

　　安德森認為民族主義的關鍵不是各種政治的意識型態，而是與更大的文化體系相關。他將國族（nation）稱之為「想像的共同體」，所謂的「想像」並不等於「虛構」，想像不是帶有批判意識的影射政客操縱人們的幻影，而是一種與歷史文化變遷息息相關，根植於人類深層意識的心理建構。想像，是一種心理層面上主觀的、具有創造性的「願景」意義。因此，他強調民族與民族主義之間的問題並不是真實與虛構，而是認識與理解。所以安德森著重的是如何透過文化建構一種集體認同與歸屬，基本上也是強調每個人心中對歸屬感有根本的渴望與追求，而獨立、冒險、控制等不同的原型動機又引導不同民族與國家發展出各具特色的文化成就。

　　然而，所謂的想像共同體並不專指安德森所談論的民族主義集體想像，還包括社區、城鄉、國家、經濟區域等各種大小規模的集體想像，地理範圍的大小不是重點，重要的是居住在其中的人們是否建立起共同感與意義。最顯而易見的例子是台灣最近很流行的社區總體營造計畫，台灣社區總體營造運動主要在1990年代興起，當時學界開始鼓吹公民運動，認為市民社會最後的基礎保障不是政治制度或法律本身，而是由人民道德與生活習俗共同構成的社會契約。學界主張要對整個社會進行根本改造，一定

要採取更基進的作法，而所謂的「基進」是指一種回到土地、回到社區、回到生活的主張。社運，是一種「展演」不是「生活」，而真正文化的創新，是必須在生活中慢慢累積才有可能達到。（楊弘任，2007: 12）

文建會從1995年起正式在台灣各地推動「社區總體營造」，這項政策是由國家發起，原始目的是打造台灣生命共同體，不過因為政策內容是由地方執行，理念上也要給地方足夠的自主性。另外，在政府推動社區總體營造的政策之前，已經有一批年輕人帶著理念下鄉，希望扎根社區，推動文化改革工作。上下齊力的結果讓由國家發起的政策，在民間引起熱烈迴響，不少社區都在「社區總體營造」的大旗下陸續展開工作。可以說，這是台灣戰後首次由地方真正參與的自主性運動，也是台灣史上第一次嘗試在自己的土地上進行文化耕耘的工作，意義非凡。（楊弘任，2007: 14）

許多學者透過社區總體營造的過程尋找屬於在地的故事與魅力，地方建設不再只是嚮往追求所謂的現代性與進步性，更重要的是本身的內發性與在地性。事實上，社區總體營造的整體過程也類似民族主義的發展，是一種關於「我群」的建構、認同與凝聚的過程，具體呈現為空間面向的「在地感」與時間面向的「歷史記憶」。

第三節　原型的應用：集體文化

在這種脈絡下，小至個人、社區、民族、國家甚至大到整個世界，都可以成為坎伯筆下的英雄故事的主角，都必須經歷英雄歷程，以便找到屬於自己的生命意義與價值。凡是渴望在這片共存的土地上尋找意義與故鄉的人必須勇敢承擔思想、記憶與認同的重量，就像神話中的英雄一樣「一步一步地學習真實與想像的過往經驗」。（Campbell, 1997）

當一個集體或國家成為故事的主角時，也可以應用上述皮爾森所提出的生命發展階段來鋪陳敘述不同的生命歷程故事。從追求安全的童年期開始，集體中各個成員有些可能是過於歡愉，忽略潛在危險的天真者，或者感覺自己是被拋棄背叛的孤兒，這階段團體的成員並沒有任何共識與共同的生活目標。慢慢地他們發展出青少年時期建立認同的需求，然而，這集體在這階段可能是因為想要獨立自主而成為探索內在與外在真相的追尋者，也可能是發現自己所愛而找到真正自己的愛人者。前者是因為獨立、排他而認識自我與他者的差異，進而建立認同；後者則是透過同胞愛而形成認同。

建立起集體認同之後，這個集體進而步入成人期，他們會變得更堅強

圖11 美國：「小朋友看世界」作品（陳薪媛）

並且能承擔起更多的責任，可能成為愛好競爭、爭取成就的戰士，例如二次大戰期間向外擴張的日本帝國、德國；也可能成為給予、照顧和給人力量的照顧者，如美國向來以維護世界和平的使者自居。然而，到了中年轉變期，這些集體對於原本的自我認同會產生質疑與批評的聲浪，集體可能會放棄原本的自我認同，朝向一個更深邃、更真實的本我進行轉變與再生。這過程可能會創造新的認同，集體經歷重新再造或改革，也可能陷入放棄一切認同，進入無秩序、混亂狀態的破壞者原型之中，例如世界中心紐約，在這個城市裡頭容納了一百八十餘國的移民，充斥著各種多元文化，有融合也有衝突，但種族歧視的問題層出不窮，導致各種都市問題，諸如犯罪率居高不下、治安、清潔等一直困擾著紐約，然而這些無秩序所反應出的也是一種自由與包容的形態，多元繽紛的城市色彩吸引了全世界的藝術人士與創意人才前往。因此，紐約要重新建立起認同、建立新秩序，還是持續陷入無秩序的混亂狀態，是這座城市在成長時必然面對的挑戰與考驗。

接著進入所謂的成熟期，魔法師與統治者原型教導我們改變、治療或促進世界的變化。如果是以統治者為主導地位的集體，會以完成命令為主，主要是設定方向、維持秩序；如果是魔法師佔主導地位，會以創新為

主，願意改變現狀、追求新的可能。如果一個團體的統治者特質太強，會因為追求秩序與穩定而扼殺創新的空間，例如強調集體主義的德國與中國。相反的，如果一個團體的魔法師特質太強，可能會無法承受創新行動所帶來的衝擊與後果，例如強調自由創意的美國。

最後，到了老年期，智者和愚者會幫助我們放下想要改變和控制世界的需要，讓我們得到最後真正的自由。當一個團體由智者原型主導時，能夠縱覽整個生命的過程，並為我們的生命帶來意義，例如強調世界一體的印度。如果是愚者原型主導時，較能夠不顧世俗標準，全然活在當下、享受生命，例如世界上最快樂的窮國──不丹。

正如皮爾森（2009）所指出的：「我們可以藉著辨認在不同文化中佔優勢的原型特質，而了解到不同國家地區的獨特性。」比方說：基督教支配了歐洲的文化精髓，發展出「救世主」文化，也就是統治者和魔法師原型的文化。美洲的主導文化是沒落的西方文化，這個文化中因為有追尋者的傾向而與歐洲文化有所不同，美洲文化更注重個人自由，比較缺乏團體凝聚力或較不關心他人。東方文化雖然受西方文化的影響，仍保有佛教文化對心性的強調，以及智者原型對於不執著境界的熱切渴望，這些東方文化以各自的方式發展佛教並致力於開悟，同時他們也是具有戰士特質的文

化，只是這個戰士不是為了個人利益而是為了團體利益而戰。

又如非洲文化和美洲印地安文化遠比歐洲和亞洲文化更能了解和欣賞魔法師及愚者原型，我們可以由他們神話中強調的享樂者和巫師角色得到證明。從愚者原型，我們學會享樂和活在當下的能力；從魔法師原型，我們體會到與自然的強烈聯繫以及尊重生態平衡，這往往是追尋者文化中所欠缺的。所有的文化、種族和國家，都在致力發展不同的人類原型的潛能，如果能結合各種智慧，便能幫助我們統整人類文化，並正確地了解所生存的環境。

即使集體、民族、國家都會因不同的地理因素、文化差異與社會脈絡而具有不同的獨特性，但在看似極大差異的外表下，還是由上述幾種原型特質所支配，例如美國強調個人自由主義就凸顯出天真者與冒險家的原型特質；印度強調透過靜坐、冥想來提出個人心靈修養就凸顯了智者與魔法師的原型特質。這些原型特質隨著集體的生命發展階段而有所消長，重要的是我們必須從這些原型特質中找出各自的特殊性與普遍性，特殊性是吸引不同文化民族進入的誘因，而普遍性是能夠引發他人感同身受的關鍵。

透過知識爆炸、媒體的傳播以及科技帶來的時空距離的壓縮，我們得以在短時間品味不同的文化風貌。然而，要體驗真正不同文化差異的滋味

圖12 印度：「小朋友看世界」作品（張珈嫚）

需要一顆真正能尊重多元的包容心。強調自身文化的特殊性與差異性並不代表自己比其他文化更加優越，而是認清所有的不同都是人類整體中不可或缺的一部分，沒有任何部分足以代表全部，我們是生存在一個彼此依賴、相互依存的世界。

第四節　原型的應用：品牌行銷

「每一個以如此神奇的力量吸引住我們的事件，都是某一種版本的『很久很久以前……』——它們是一則則在現實生活中上演的神話。」

（Mark & Person, 2002）

　　皮爾森除了利用原型概念闡述個人生命發展歷程的挑戰與成長，她更進一步將原型概念應用在廣告分析與品牌行銷中，她與馬克（Margaret Mark）在2001年出版的《很久很久以前……》（*The Hero and The Outlaw*），就是以開創性的方式將原型概念應用在品牌行銷中，她們指出能夠深深吸引住大眾注意力的新聞，總帶著某種原型的特質，同樣的，賣座的電影幾乎也都具備了原型的架構。書中舉了六部奧斯卡最佳影片得主，都是古典原型故事的例證：《阿甘正傳》（*Forrest Gump*, 1994）講的是大智若愚的傻瓜；《英雄本色》（*Braveheart*, 1995）講的是勝利的英雄；《英倫情人》（*The English Patient*, 1996）和《鐵達尼號》（*Titanic*, 1997）描述了蛻變的情人；在《沙翁情史》（*Shakespeare in Love*, 1998）中，創造者將失戀的痛苦轉化為高貴的藝術作品；而在《美國心玫瑰情》（*American Beauty*, 1999）中，看到的是凡夫俗子的神祕體驗。

　　除此之外，電影《星際大戰》（*Star Wars*）導演喬治‧魯卡斯（George Lucas）也深受坎伯《千面英雄》的啟發。這部電影之所以能大受歡迎，大部分要歸功魯卡斯有意識地傳達原型人物和神話情節。由此，馬克與皮爾森提出「意義是一種品牌資產」，成功的品牌之所以價值連城，不只是因為這些品牌具備了創新的特徵或優點，更重要的是品牌內化了原型的特質，它們已經擁有普遍且強大的象徵意義。這些意義所訴求的是人類最深層的原型，而銘刻在我們心理結構中的印記，影響我們喜愛的藝術人物、文學人物、以及世界各大宗教和當代電影中的人物。

　　有鑑於此，馬克與皮爾森（2002）在此書中主要提出的要點是：如何運用深刻的原型根源來創造、維護和培養品牌意義。原型式產品形象直接與消費者內心深處的心靈印記對話，並喚起他們對品牌的認同、深化品牌的意義。原型意象所發出的訊息滿足了人類的基本慾望與動機，也釋放了深層的情感和渴望。這些原型的意象和場景，召喚著人們去滿足他們基本的人類需求和動機。原型品牌和故事都是讓人熟悉的，因為它們屬於我們的內在生命，這些品牌會創造歷史，變成我們共同的故事與記憶。

　　馬克與皮爾森提出一套結合動機理論和原型理論的系統來討論：這套動機理論可以濃縮成兩主軸上四大人性動機：歸屬／人際關係 vs 獨立／

自我實現、穩定／控制 vs 征服／冒險。再從這四大動機中區分出十二種滿足基本人性需求的重要原型，分別是：獨立／自我實現（天真者、探險家、智者）、歸屬／人際關係（弄臣、凡夫俗子、情人）、穩定／控制（創造者、照顧者、統治者）、冒險／征服（英雄、亡命之徒、魔法師）。馬克與皮爾森歸納的十二種原型，本意上是希望藉由分析古代希臘羅馬神話中賦予人物的角色，剖析企業品牌建立之間與消費者動機的溝通連結：「原型是長壽品牌的心跳」。（Mark & Person, 2002: 67）本文以這十二種原型來做為創意城鄉中不同人物特性的歸納依據，可以適切地追溯個人潛意識裡深刻的渴望並提供溝通橋樑，藉由不同人群之間的價值與動機，找到城市品牌定位與價值的可能性。

這十二種原型的分類方式不完全等同前文所提到依照生命歷程三階段的分類，但基本上十二種原型的分類大致上是相同的，只是前文是依照生命歷程的發展來區分，以凸顯在不同發展階段可能出現的原型動力與挑戰。將原型應用在品牌上則需要關注的重點是消費者的基本慾望與動機，因此透過人的四大動機來區分，針對不同動機的訴求會吸引不同原型的消費者。基本上，這兩種分類並不衝突，甚至可以一起應用在建立品牌故事與行銷策略上。

圖13　中國上海郊區──周莊

　　接下來我們將會把這十二種原型應用在創意城鄉上，一方面參考單一
神話所提出生命歷程的故事結構，來剖析這次參與活動的十二個國家文化
工作者如何建構屬於自己城鄉的創意故事，從他們的敘述中強調出各自國
家的文化特色與原型特質；另一方面我們將馬克與皮爾森以原型行銷品牌
的概念應用在創意城鄉的行銷規劃上。

第五節　原型的應用與創意城鄉

　　馬克與皮爾森（2002）指出，在行銷管理上經常出現的盲點就是行銷人員往往缺乏有系統或架構的意義框架，也因為沒有指引架構，便會過度補償，以複雜的形式和規模，嘗試抓住和表達品牌的意義，塞滿了各種形容詞的「品牌金字塔」、強調意義核心層次的「品牌輪盤」、多重品牌內涵或價值陳述，在在都顯露了品牌意義規劃的隨便與缺乏意義。原型才是最根本、沒有時空限制、舉世皆然的「參考指標」，運用原型才不會讓行銷人員在茫茫意義之海中迷失了方向。

　　本書參考馬克與皮爾森（2002）將原型應用在品牌行銷上的方法，轉移到創意城鄉的敘事上，主要分成下面兩個步驟：

步驟一：尋找城鄉的靈魂、內涵與利基

　　為自己的城鄉編寫傳記，得以考古學的方式挖掘城鄉最深層、最基本的價值——找出屬於自己的故事，包括我們從哪來？怎麼開始？怎麼轉變？過去有什麼值得驕傲或者具有代表性的事蹟？經過時間與空間淬煉的歷史往往可以找出存在的價值，最後塑造了當地特有的文化資源。

　　進一步分析，確保所「發掘」的原型定位具備和產品或服務有關的事

實基礎，最好是實際的、現代的事實。簡單來說，從歷史故事中找出的原型特色，現在是否還存在且適用？接著檢視競爭的施力點：有沒有和自己原型特質相近的其他城鄉？有的話，對方又是如何表現？相較之下，自己的城鄉是否更具有特色與優勢？

步驟二：認識你的對象

在都市轉型論述中，建構一個成功的創意城鄉需要重視城鄉中組成個體的差異性，必須針對不同族群的需求提供服務，才能使不同的人群得以在穩定的環境中成長與發展。

也因此，辨識創意城鄉的使用者有哪些，並規劃對這些族群的意義管理機制是首要任務。一旦使用者屬性劃分出來之後，設計規劃者便可按照使用者所需提出解決方案，這不僅簡化了創意城鄉的抽象思維與總體結構式的龐雜脈絡，亦可提出更具體的計畫與使用者進行溝通。

對於一個創意城鄉，最少要能夠分辨出四種使用者：第一種是在城鄉生活的生活者，其次為外來旅遊者服務的工作者，這些工作者也許是生活者，也許是從外地遷移而來的。接下來是從外地來的造訪者，最後，這些造訪者將帶著這個旅遊經驗再回到他們自己原來的生活圈。（如表1所示）

表 1　創意城鄉服務的四種人

項次	生活者	旅遊者
生活圈	1	4
旅遊圈	2	3

　　一旦強調以人為本的重要性，在經營創意城鄉的過程中探究影響個人選擇居住環境與工作場域的理由，遂成了不可或缺的一環。影響個人決定的因素，在商業品牌策略管理中屬於消費者心理學的範疇。[15] 馬克與皮爾森（2002）以十二種原型做為品牌行銷的基底來檢視創意城鄉的經營與規劃。根據心理學家榮格的說法，這些原型具有共通的象徵本質，神話中的元素就是人類心底各種慾望的展現，同時也是個人身上源自潛意識的投射。

　　近年來都市規劃的核心觀點大都以「城市」或「國家」為單位注入商業品牌的概念，所謂的「品牌」是指消費者對產品或服務的印象（impression），是促使消費者選擇此一產品或服務所有有形與無形元素之總和。（Moilanen & Rainisto, 2009）品牌建立的根源最早來自有形產品的行銷，例如飲料和日常生活用品。現代行銷中第一個品牌的發展歷史早在

一百多年前就展開（Low & Fullerton, 1994），但將品牌應用在新的領域，例如服務或地方行銷則是從1990年代才開始。（Berry, 2000）

　　事實上，推廣地方行銷已經有超過一百五十年的歷史，所謂的地方行銷定義是，利用行銷方式轉變目標閱聽眾對地理上特定區域的印象。（Gold & Ward, 1994）這種推銷地方的方式千奇百怪，推銷動機與目的也

---

15 除此之外，在不同的專業領域也開始出現從不同的角度來討論創意城市的概念。北美創投教父杜爾（John Doerr）在2011年2月提出一個有趣的新概念——「社群、在地、行動SoLoMo」（Social、Local、Mobile），這三個單字拆解後重組的新名詞，強調現今社會三大趨勢。社群（Social）是指由Facebook（臉書）、Twitter（推特）、Google+、Plurk（噗浪）、Zynga、微博等網路社群所建立的新網絡關係。在地（Local）意指在智慧手機與網路科技發達的年代，資訊會越來越在地化、適地化，以「區域為本的服務」（Location-based Service, LBS）將成為資訊主流，也就是建構在以地理空間為基礎的科技服務。行動（Mobile）代表行動網路（Mobile Internet）的崛起，行動網路的便利和快速發展甚至有可能在兩年內取代桌上型電腦，成為人們主要的上網方式。威爾森（Fred Wilson）也在2011年5月，提出與杜爾相似但有點不同的四大趨勢SoLoCloGlo。So與Lo一樣是由Social和Local簡化而來的，Clo是雲端（Cloud）的簡稱，代表雲端科技是現在發展的大勢，Glo則是全球（Global），也就是全球化的現象。不論是三大趨勢或是四大趨勢，都提到在地（Local），顯示出地方角色的日益重要性。這個改變，讓原本的地理疆域和想像的疆域更緊密地結合了。

大不相同，包括最初美國以賦予土地的方式，鼓勵移民者從美東與歐洲移民到美西。至於1990年代，英國與法國的海岸度假勝地強打廣告吸引遊客也算是行銷地方的手段。

　　直到近幾年才將品牌概念帶入地方行銷與國家行銷活動，當代地方品牌研究強調「一個地方，各種特色」，並且聚焦在品牌角色上，例如旅遊、零售貿易、運動活動，或者文化慶典等，而2004年出版的《地區品牌與公共外交》（*Place Branding and Public Diplomacy*）可算是介紹地方品牌與國家品牌的主要出版刊物。品牌差異也意味著品牌競爭，將品牌帶入地方與國家行銷也是全球化趨勢下各地方與各國家之間的競爭，不管競爭的目標是具有技術性的勞動力、國外投資與商業活動、旅遊收入，或是影響公共外交的機會，種種都是刺激發展地方吸引力與行銷的動力。未來，地方品牌吸引力的來源還包括：當地文化、環境、社會發展與氛圍，以及各種和品牌相關的形象等。（Moilanen & Rainisto, 2009）

　　商品要建立自我品牌，不只是單純用來區分你我，更重要的功能在於讓消費者（使用者）在想到此一品牌時，可同時聯想到品牌蘊含的所有屬性與特色，進而對此品牌產生認同與正面情感。換言之，品牌是一種建立人們認同的方式。另外，品牌也代表了品質保證，可以增加人們的接觸意

願。因此，當一個城市或是國家試圖成為一個品牌，無疑是希望促進人們的認同，並且讓人們安心。有趣的是，這裡所指的人們不只包括在當地城市或國家生活的人們，也含括了非當地的外地人與外國人。所以品牌的力量會同時向內與向外產生影響，向內增進本地人對自己鄉土的親密認同、向外促使外地人們對於這塊陌生土地形成認同共鳴。

　　因此，要建立地方品牌或國家品牌，必須要有足夠的人們對此品牌的特殊性同情共感。由於現代人對於生活形式的選擇已經日趨自由，不僅僅因職業選擇而遷移，社會的制約也更加鬆綁，從大家庭、折衷家庭到核心家庭，甚至單身或同性戀也不足為奇，基本社會單位的重組改變了社會的樣貌，面對變遷中的社會，意義的流傳成了最珍貴也最無可取代的資產。生活型態取決於價值的選擇，因此，現代人已經不只停留在馬斯洛（Abraham Maslow）以階級層次的方法來區隔的人類需求五層次理論（Maslow's Hierarchy of Needs）（如表 2），而是以象限式的張力選擇（如表 3）。

　　馬克與皮爾森（2002）提出的動機理論如表 3。她們認為，現代社會個人所需要的優先順序，不是以階級高低區分，而是選擇。簡單地可以濃縮成兩主軸上的四大人性動機：歸屬（人際）、獨立（自我實現）、穩定

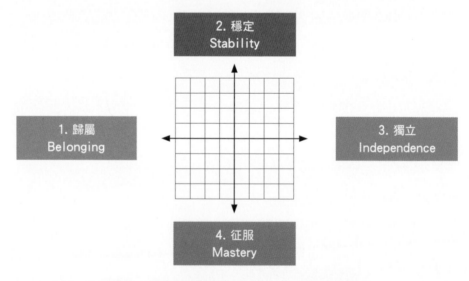

〔自我實現〕
創意、隨性
解決問題、接受異見

〔自尊〕
尊嚴、信心、成就他人
尊重他人、受人敬重

〔愛與歸屬〕
友情、家庭、親密關係

〔安全〕
身體、就業、財富
道德、家庭、健康的安全感

〔生理〕
生存、溫飽、性、平衡、實踐能力

表2　傳統的馬斯洛需求理論

2. 穩定
Stability

1. 歸屬
Belonging

3. 獨立
Independence

4. 征服
Mastery

表3　馬克與皮爾森（2002）動機理論

（控制）與征服（冒險）。這四項屬性在馬斯洛階級中屬於優先順序，但在動機理論當中，則是互相牽引的價值取向。這個座標圖，不僅可用來簡易地檢視個人性格取向，也可以用來審視一個社群甚至是國家所追求的價值。城鄉四大類的使用者中，不管是生活圈中的生活者，還是生活圈的工作者，或者是旅遊圈裡的旅遊者，一個新的城鄉敘事學應當注重在願景與夢想的勾勒，並提供使用者保障與安全。

　　本書根據上述四個基本動機模式發展出一些重要的神話原型，而每個動機代表的價值又可衍生出三種對應的神話角色：

【獨立】嚮往天堂

◆ 天真者：「自在做自己。」

◆ 探險家：「不受束縛。」

◆ 智者：「真理是希望。」

【征服】刻下存在痕跡

◆ 英雄：「有志者事竟成。」

◆ 亡命之徒：「秩序就是拿來破壞的。」

◆ 魔法師：「沒有不可能的事。」

【歸屬】沒有人是孤獨的

◆ 凡夫俗子：「人生而平等。」

◆ 情人：「我心只有你。」

◆ 弄臣：「如果不能跳舞，我就不要和你一起革命！」

【穩定】立下秩序

◆ 照顧者：「愛鄰如己。」

◆ 創造者：「想像得到的，都能創造出來。」

◆ 統治者：「權力不是一切，而是唯一。」

　　每一個原型與動機若是仔細分析，便不難發現原型並非刻板印象，也不以市場區隔為主要目的，而是從更深層的心靈面跟使用者對話溝通。在創意城鄉中，天真者的性格是一種普遍的原型。馬克與皮爾森指出：「每一個文化，都有其關於某個太平盛世的傳說，和烏托邦的夢想；前者講述當時的生活有多麼完美，後者則想像這樣的盛況如何再現。天真者的主要

渴望是體驗天堂。目標是為了得到幸福，其策略是正正當當做人。他的天賦是信心與樂觀；天真者也可能是無可救藥的樂觀派、長不大的人、傳統主義者、浪漫主義者、夢想家。」（Mark & Person, 2002: 67）

以角色原型為溝通的基礎呼應了以人為本的力量，而有了角色原型就會有故事，故事感動人的部分滿足了聽眾深切的渴望，進而改變自己的人生、改變群體的樣貌。

以丹麥為例，她是世界上最均富的國家，也同時被列為世界上最快樂的且最沒有貪污的國家。哥本哈根也是一個創意與設計之都，從建築到家具，以簡樸與科技結合，許多世界經典家用品設計皆出自丹麥設計師之手。而丹麥人普遍認為，讓丹麥成為世界最具創意與最幸福的國度的原因，歸功童話世界中無限可能的想像力。丹麥推崇夢想做為價值的文化底蘊與生活態度，在上海世博會中展現得淋漓盡致，上海世博丹麥館依照慣例為小美人魚慶生，更有安徒生童話茶壺的展演，足見故事的影響力之深厚。當美人魚銅像回到丹麥後，哥本哈根的市長法蘭克・延森（Frank Jensen）更是強調美人魚銅像作為哥本哈根城市童話在丹麥歷史中的重要性。經過美國迪士尼卡通的詮釋，《美人魚》這類本身具有原型特質的淒美愛情故事在世界各地流傳，不只深植於人們的童年回憶之中，更在國際

間成為丹麥的國家精神象徵。擁有豐富情感故事所帶來的象徵不只影響人們對於丹麥這個國家的想像與期盼，也讓丹麥人以美人魚精神自居，期許自己不急功近利，成為世界上最幸福的國家。

　　建構一個成功的創意城鄉，需要重視個體間的差異性，重視不同族群的動機，使不同的人群得以穩定的成長與發展，而故事就是建立族群的認同感與向心力的載體。向心力的傳播需要結合科技優勢與人才，結合度越高，品牌效應相對越強。有了品牌的價值與定位，建立了客戶的忠誠度，也是一個創意城鄉自我行銷策略的根本。一個理想的創意城鄉需要許多故事性的結合，這包含一個地區人民的共同記憶，同時也給予外在無窮的想像空間。成功創意城鄉是歷史與故事的反覆堆疊，逐漸在文化場域中由文本互涉（intertextuality）或是其他藝術批評的典範，來形塑地方性格與價值。

　　創意城鄉的故事性與地方性將逐漸聚焦成形，而在文學與藝術場域中，人與環境的互動從單純的生活者變成享受這個生活圈的旅遊者，當更多的旅遊者聚集同時也吸引更多外來的生活者進入這個生活圈。這十二個原型涵蓋了各國文化的多元發展型態：美國、印度、捷克等國家以追本溯源的方式，說明簡單且基本的價值信念如何牽動國家文化與創意展現；西

班牙與法國代表則由政策面出發，說明該國政府如何思索文化政策與落實實質效益的問題與方法；泰國、印尼、丹麥與澳洲等國則由現況出發，闡述國內當今文化創意的多元性與產業提升的各方面表現；德國從年輕世代的角度揭露新一代面臨的切身焦慮和國家認同的自我期許；匈牙利則是在生存困境中展現創意，顯露一個中歐小國如何在困頓中創造舉世聞名的發明。

　　台灣也可以從這些看似不同的脈絡中找到許多相似處。印度、泰國以及印尼與我們有近似的宗教和亞裔種族，而丹麥和匈牙利與我們的領土大小相似，都是以小國身分向外拓展國家地位；捷克和西班牙的歷史轉折亦與台灣有些雷同，都是經過極權政治而後轉向開放經濟與創意樂活的生命體；台灣與德國兩地的新世代除了對於自身未來的茫然外，仍保有對國家定位與民族自覺的充沛熱情；我們更能學習法國文化政策的布局與策略來提升本國的文化產業政策，如何保障更多的藝術文化工作者並提供更好的創作環境。

第三章 十二個英雄旅程——獨立與征服

「所有人都重要。我們每個人都可以做出重要的貢獻，但只有冒險特立獨行，才有可能成功。」

(Carol Pearson, 2000)

圖14　義大利威尼斯

　　闡述十二種重要的神話原型如何具體應用在創意城鄉敘事上，我們以基本動機模式來區分獨立、征服、歸屬、穩定四大類屬，本章先介紹獨立與征服基本動機模式所發展出來的六種神話原型，對應每一種價值都有三種不同的神話角色，在此會先說明不同角色的特質以及與其相對應的創意城鄉實例來輔助解釋，幫助理解。

第一節　獨立——嚮往天堂

　　「在此後的生命中，我們努力地要去滿足這個追求理想國度的渴望
——在那裡，我們可以完全地做自己，並覺得自己回到了家。」

（Mark & Pearson, 2002: 67）

　　對天堂、理想國度的渴望引發三種不同原型角色的發展策略，分別是天真者、探險家與智者。天真者就像可愛的小孩或神祕主義者，對生命的美好充滿驚嘆，並且對當下置身於天堂深信不疑，一旦遭遇到挫折與失敗就會難以面對。探險家的內心充滿了不滿足與不安定感，他們不斷追求更美好的生活，永不止息。相較於天真者在當下追尋圓滿、探險家在旅途中追尋自我，智者則是強調幸福是教育的結果。

　　這三種原型都是注重自我而非他人，也更重視自主而非歸屬，更細部的差異分述如下：

一、天真者──座右銘：「自在做自己。」

　　「每一個文化，都有關於某個太平盛世的傳說和烏托邦的夢想；前者講述當時的生活有多麼完美，後者則想像這樣的盛況如何能夠再現。宣告耶穌誕生的伯利恆之星、出現在圓桌武士面前的聖杯、有爬滿藤蔓白色籬笆的小屋──這一類的象徵都暗示著：快樂是有可能透過某種簡單的純潔或良善找到。我們每個人心裡頭那個天真的我，都希望活在這樣一個可以『自在做自己』的完美國度裡。」

（Mark & Person, 2002: 74）

　　天真者原型的允諾是，生命並非如此辛苦不可。只要遵循一些簡單的

原則，你就可以隨心所欲做你自己，也可以在此時、此地活出你最棒的價值。泰國人的處事態度就是如此，他們知足樂天，相信直覺、隨性而為。如地理學家段義孚說：「快樂的人沒理由思考；他們生活，而不質疑生活。」（Erci Weiner, 2009: 249）

　　人間天堂的概念一直是現代人所嚮往，也因此海明威（Ernest Heming-way）才會說，所有的美國文學都在追尋天堂「那美好的妙境」。在許多神話裡，田園風光便常常是這樣的理想國度的象徵，像是花園、神聖的果園或牧場。在這些地方，生活總是輕鬆的，死亡、痛苦和磨難在這裡並不存在，你無須為了維持生計而努力工作。（Mark & Person, 2002: 76）

　　天真者要的是一種平靜、輕鬆、自然的生活方式。以峇里島人為例，這個島嶼對他們來說就是人間仙境。峇里島的整體印象就是每個人認為自己擁有了所需的每樣東西，因此他們活得既快樂又簡單。對他們而言，財富能滿足日常生活所需即可，人生不需要花太多時間心力去追求無窮盡的財產累積，而且他們也不喜歡競爭，因此不管在生活、工作還是藝術創造上都能夠互相合作。峇里島人的日常生活充滿了靈性氣息，簡單樸實的木雕藝術是來自世界各地觀光客最喜愛的紀念品，旅行者帶一座木雕走，彷彿也把峇里島的清淨帶回家園。峇里島人即使是儉樸的生活也是充滿色彩

與意義，因為他們強烈相信自己住在天堂，裡頭什麼都不缺，他們是真真實實的活在理想中的天堂，這種與世無爭、自得其樂的心態正是天真者的最佳代表。

　　不同於泰國與峇里島人的樂天知命，丹麥是另外一種天真者的展現。當一個人內心渴望的動機符合天真者的原型時，這個人會被正面樂觀的想法、簡單懷舊的意象、以及對解救與救贖的期盼所吸引。天真者內心中永遠有一個天堂，嚮往著美好和永不放棄的希望。而丹麥人的心中都有隻小美人魚，丹麥商務辦事處處長季安昇（Sune Kjeldsen）在介紹自己國家的時候，不忘提醒聽眾，「就是小美人魚出生的那個國家」。小美人魚的精神在說者和聽者間持續流傳，讓世人知道居住在有愛的地方，那裡的人心也會是如此善良美麗。丹麥人將小美人魚精神發揚到全世界，而小美人

圖15　丹麥駐台商務辦事處，季安昇代表

圖16　丹麥文化象徵

魚[16]的意象也突破了童話意義，成為一種人們在逆境中追尋著希望和愛的丹麥精神。

　　丹麥駐台經貿代表季安昇強調丹麥人口不多，其地理位置和台灣相似，周遭環伺如德國等大國，因此必須思考如何彰顯自身價值成為丹麥舉國上下的全民共識，季安昇秀出一張由方塊小圖片拼成的大圖投影，這張圖象徵來自各種文化精神匯集而成的丹麥文化。

　　接著他以世界知名的丹麥文學作為切入點，大師齊克果（Søren Aabye Kierkegaard）、安徒生（Hans Christian Andersen）是許多人對丹麥的初

次印象。除此之外，做為國家象徵的丹麥國旗，也是丹麥人的驕傲之一，紅底白十字的丹麥國旗，從西元1219年留傳至今，也是歷史上流傳最久的國旗，而1849年改革至今的君主立憲制度，其悠久的歷史更僅次於英國。季安昇強調，很多國家有皇室，但不一定能呈現出一國文化精要，丹麥皇室卻代表了丹麥重要的傳統與文化資產，也在國際文化交流上扮演重要的角色，尤其是丹麥皇后積極投入繪畫相關創作，她的作品也常獲邀於國內外展出，對推廣丹麥的文化形象大有助益。

　　丹麥的建築設計融合古典與現代，世界上有很多知名建築如巴黎新凱旋門、澳洲歌劇院，都是出自於丹麥設計團隊的作品。目前丹麥建築公司在中國、英國、沙烏地阿拉伯、挪威、德國與墨西哥等國家都佔有龍頭地位；而丹麥工業設計的思維強調有機的功能主義，注重產品使用者的方便性、對材料的尊重，以及對一種平實簡單的美感的追求，這些特質使丹麥

---

16 小美人魚是安徒生童話故事「海的女兒」中的主角，這位海神的女兒在某次游到海面時，對英俊的王子一見鍾情，為了變成人和王子相愛，她和海底巫婆簽下契約，以自己美妙的聲音換一雙人腿。小美人魚費盡辛苦和王子相遇，未料王子卻決定另娶他人，眼看和巫婆約定的契約之日即將到來，小美人魚必須用刀刺死王子，才能拯救自己的性命，但她卻不惜犧牲自己，跳入大海，化為美麗的泡沫。

圖17　會場佈置：丹麥區

設計廣受世界好評。

　　文化的建立從來不是一朝一夕，而是需要長期累積與全心投注才能逐步成形，季安昇強調，三十年前「文化」在丹麥還是破碎的觀念，但現在丹麥已經找到自身文化特色並發揚到全世界[17]。

　　丹麥善用自己的文化資產創造更多的丹麥特有的故事，透過各種藝術形式與文化遺產述說屬於丹麥的古老傳統，以舊傳統創造新文化，例如環繞整個丹麥的「瑪格麗特小徑」（The Marguerite Route）就是旅行者觀光丹麥的新選擇。

　　沒有什麼比童話故事更能描繪天真者心裡深處的渴望與想法，而丹麥正是孕育童話之父安徒生的國度。2005年是安徒生冥誕兩百週年紀念，從丹麥到全世界，四處都在慶祝紀念這位打造童年夢想的築夢者。安徒生所創造的不只是童話故事，而是兩個世紀以來的丹麥精神。透過他的筆，丹麥成了所有人投射想像的童話王國，在這裡夢想的歡樂凌駕了現實的苦悶，一切都如同童話故事般，人世間的現實與挫敗都是短暫的過渡，最終還是會抵達天堂的美麗境界。

　　安徒生的童話流傳兩百多年成為丹麥獨特的文化寶藏。保有一顆赤子之心，樂觀善良的處事態度是童話中不斷揭示的天真者原型，也是這個國度吸引人們前往遊玩的魅力所在。和安徒生童話故事一樣深具天真魅力的

---

[17] 丹麥各種不同的文化產品也在國際上頗負盛名，比如在電影方面，2011年丹麥導演畢葉爾（Susanne Bier）便以《更好的世界》（*In a Better World*）接連拿下奧斯卡與金球獎最佳外語片；在音樂方面，丹麥樂團每年在國外舉辦音樂會的場數持續成長，而這與政府大筆資金挹注出國演出密切相關，此外，丹麥每年也舉辦二十個以上吸引國內外觀眾的大型音樂節，其中羅斯基勒音樂祭（Roskilde Festival）是北歐最大的文化與音樂節，2010年有超過七萬位觀眾參與；再者，丹麥的飲食藝術也相當出色，丹麥廚師克非德（Rasmus Kofoed）擊敗全球好手，拿下2011年法國里昂博古斯烹飪大賽（Bocuse d'Or）的金牌。

丹麥文化資產還有世界聞名的「樂高樂園」（Legoland）[18]，由積木打造的創意樂園，丹麥創造了樂高，而樂高也賦予丹麥文化新的生命與更豐富的色彩空間。

其實每個國家的文化或多或少帶有些許天真者原型，畢竟所有人都對美好國度存有一份嚮往，例如東方的泰國與印尼的峇里島，他們對大自然的熱愛、對手工藝品美感的堅持，以及對自己儉樸生活的滿足，都是「自在做自己」的最佳代表。

美國也不例外，美國代表羅森（Scott Robinson）就表示美國不僅與永恆健全的價值觀有關，也和「新的開始」密不可分。從最初來到這個新大陸的移民，到前往西部拓荒的篷車隊，這個國家給人們的承諾是：「你可以白手起家，甚至再造一個全新的自己。」美國剛成立的時候確實是瀰漫著天真者的氣質，當時許多人內心的共同願望是：希望能夠暫時逃離現代生活的模糊和不確定。而美國最大的速食企業代表麥當勞，之所以能風靡全球，也是因為其符合天真者對自然、平靜、確定、簡單生活的渴望。

二、探險家──座右銘：「不受束縛。」

「探險家主動向外追尋一個更好的世界，所經歷的旅程同時是內在

也是外在的；它們的探險動力來自於，深切渴望在外在世界中找到與他們的內在需求、偏好和期待相呼應的東西。」

（Mark & Pearson, 2002: 97）

當人們覺得心靈空虛、人際疏離、對現狀感到不滿，卻又不知道到底失落了什麼，只覺得莫名盼望一些難以言喻的東西，我們開始尋尋覓覓，想要攀登不同的生命高峰，探求新的視野尋找智慧，越過邊際探索前人未曾觸碰過的領域、完成前人未完成的夢想，我們內在有一股超越現狀的渴望。

因為有探險家的精神與慾望，人們才有外出旅遊探險的動機與渴望；因為有探險家的勇氣與毅力，人類世界才有無限的可能。對現狀的不滿與

---

18 樂高的創始人是來自畢隆鎮（Billund）的傑出木匠克里斯欽森（Ole Kirk Christiansen），在建造業不景氣的三〇年代看準了兒童市場，以其精湛的手藝製作木頭玩具，並於1934年創立自有品牌「LEGO」，源自於丹麥文「Leg got」，即「好好玩」之意。1940年第一塊木頭樂高誕生，1949年改良成塑膠塊，並大量生產。1958年，克里斯欽森的兒子將磚塊式的樂高改良為插座式，使得每塊樂高都能互相緊扣，組合成形狀各異的作品，製造無窮的可能性，也讓樂高市場急速成長，形成極具規模的家族企業，樂高繁榮了畢隆小鎮，也成了世界知名的玩具品牌。

圖18　美國：「小朋友看世界」作品（阿弟）

　　厭倦會激發探險家的動力，人們會受異國情調的吸引在某種程度上都是源
自於探險家的原型。

　　馬克與皮爾森（2002）認為美國是探險家的典型國家品牌，它擁有移
民傳統與強調政治權力。美國立國基礎的「獨立宣言」，宣稱要維護每個
人「追求生存、自由與幸福的權利」。美國憲法在制訂之初也經過審慎的
規劃，為的是提供適當的制衡，以確保沒有一個政府機關能取得足以妨害
自由的權力。美國的歷史始於歐洲的新移民，而它的西部拓荒史則為這個
國家寫下了它的中心神話。當初激勵許多年輕男女前往西部墾荒的那句號

召：「西進吧，年輕人！」[19]，為美國人性格中那躁進的企圖心注入實質和方向。

美國外銷品有部分的魅力來自這些產品所提供的冒險家精神，例如當一名中國青少年購買一罐百事可樂、或者非洲人購買一雙二手球鞋時，他們其實是在購買產品背後所象徵的自由與希望。又以八〇年代的北京青少年經常穿著上面印有「紐約、巴黎、羅馬」這些字眼的T恤為例，這些異國城市的口號，直接訴說了他們想要擺脫那令人感到窒息環境的渴望。

其實，幾乎在所有文化當中，十幾二十來歲的青少年通常都擁有探險家的性格，在這個階段找到自己定位和未來方向是主要的發展任務，因此這時期的青少年特別熱衷於以自助旅行的方式探索世界，透過探索外在了解自身侷限，他們也對任何的壓力與枷鎖感到疲倦與不耐，希望嘗試和追求新的事物與體驗，青少年心中藏有一股挑戰未知冒險的熱血。

探險家強調的是追尋自我、探索意義的自由與空間，而美國正是以自由國度自居，在文化政策上更是如此。如美國在台協會文化中心主任羅森

---

[19] 「西進吧，年輕人！」這是記者格里利（Horace Greeley）在十九世紀後半葉時發出的鼓舞。（Mark & Pearson, 2002: 104）

就以「創意來自地方」（Creativity Starts Local）為題來介紹美國的文化創意發展。他強調美國文化創意的發展是由各種不同的在地元素合體的結果，美國聯邦政府和其他國家文化發展最大的差異在於，他們並非透過所謂的文化部作為權力核心來推廣，而是提供地方充分的空間與自由來孕育各種不同的創意文化。

這種強調地方自由的治國理念也反應在教育制度上，在聯邦制度下，美國並沒有全國統一課綱或者評估標準，每一個州與城市可以自由決定其教材與形式，然這樣的系統也可能產生爭議，許多公立學校即反映受到影響而無法生存，然而就是因為充分授權地方的高度自由性，因此會出現像俄亥俄州的 "National Inventors Hall of Fame School"，在那裡沒有我們認知中的老師跟學生，只有輔導者和學習者，所有的學習者被鼓勵善用他們所知道的知識與創意去面對並解決問題，例如如何減少圖書館的噪音。另外，美國各地的大學也是在地創意的表現中心，多元自由的學習制度與環境，激發個體嘗試與創新的勇氣，成為發酵創意的培養皿。有些大學所塑造的就是探險家品牌的形象，其中最著名的有加德特學院（Goddard）、罕布夏耳學院（Hampshire）和安提阿學院（Antioch），他們都允許學生安排自己的主修課程，並且強調學生有充分的自由去開拓自己的興趣和專

圖19　美國在台協會文化中心主任羅森

長。

　　羅森主任也以自己為例說明，他自己就是崇尚自由風氣的美式作風下的產物，就讀大學期間，他選修了各式課程，接觸不同學科的經驗為他的未來累積了多元豐厚的資源，也因為如此豐富的選擇，讓他體會到生活的樣貌可以有更多的可能性，並且期待每一天都能激發更多的創意。探險家就是如此，生命中的各種偶然、未知的經驗累積，都成就未來更豐富多元的生命寬度。

　　正是如此強調自由的創意空間才能孕育出創意城市與創意人，例如二十一世紀最偉大的電腦革命、資訊革命都是在矽谷發生，知名的創意者，像是蘋果的賈伯斯（Steve Jobs）、Facebook的創辦人札克柏格（Mark Zuckerberg）等都是全世界傳頌的創意傳奇人物。自由主義政治觀在矽谷也非常普遍，探險家價值觀強調自由放任的態度和能夠賦予個人強大力量的產品，電腦和全球資訊網，不僅讓個人擁有取得資訊的超級能力，也為其中的競爭者創造了公平的條件。

此外，嚮往自由的因子也促進了更包容的社會風氣，例如舊金山吸引了許多同性戀者定居，因為在當地他們享有不受歧視的生活空間。美國其他受聯合國文化基金會肯定的創意城市有：位於新墨西哥州的聖塔菲市，以及位於愛荷華州的愛荷華市。它們就是以地方環境、文化創意的氣氛交融，而成為了世界知名的創意城市，聖塔菲市因為環境的特殊性，融合了原始的印地安部落文化和墨西哥文化，當地的工藝品和繪畫都相當獨特搶眼；愛荷華市最知名的則為創意寫作，吸引了來自全國各地的人們前來朝聖，這些城市的成功都是源自於當地的文化活動。

探險家原型對外來文化與他人更具有包容心，甚至外來文化對探險家特別具有吸引力，因此他們會比較容易認同局外人（outsider）的角色，並且樂於接受新的文化衝擊與挑戰。而美國最引以為豪之處就是對各種民族的包容與開放，例如像非裔美人族群戰勝了奴隸制度與歧視，而成為美國創意主要的原動力。在二十世紀，非裔美人創造了新的音樂型態──爵士樂，1920～1930年代在音樂、舞蹈、藝術和文學有很大的進步，例如發明家卡佛（George Washington Carver）、演員羅伯遜（Paul Robertson）等，很多人都極富創意，儘管他們遭受到很多的挫折與挑戰，但至今他們依然持續發展下去，也因此才能夠產生出諾貝爾文學獎的摩里森（Toni

Morrison）、第一個美國黑人億萬富翁歐普拉‧溫芙蕾（Oprah Gail Winfrey）、以及饒舌嘻哈歌手Jay-Z等深具影響力的名人。

美國被稱為「大熔爐」，它包容吸納所有來自世界各地的人們與異國文化，這些移民為美國打造了一個無可取代、與眾不同的多元文化社會，例如愛因斯坦、還有建築師貝聿銘等等，例子不勝枚舉。他們將其各自不同的經驗與天分能力帶到美國，讓美國更強盛，而且也因美國的開放環境讓他們自己的事業更為成功。

探險者不只是自己走出去，更重要的是打開心胸，接納、認同新的事物，甚至以發掘新事物為樂，美國至今在文化上有如此豐富驚人的成就，正是受這種渴望自由、積極向外向內追尋新體驗的探險家原型所影響。

三、智者──座右銘：「真理是希望。」

「智者有他們自己尋找天堂的辦法，他們相信，人類有能力學習與成長，並藉此創造一個更美好的世界。在這個過程中，他們希望能夠自由地獨立思考和主張自己的想法。」

（Mark & Pearson, 2002: 97）

智者原型的使命就是找到與自己和世界、宇宙有關的真理。「追求真

理的人，真理會讓他得到自由。」（Mark & Pearson, 2002: 97）探尋生命的真理，使人活得既有尊嚴又謙卑，因為真理追求者明白，追尋的模式往往預先注定了追求到的結果，而我們只有在開始探究真理之後，才發現自己的渺小和微不足道。我們每個人所看到的，不過是絕對真理的一小部分，人類永遠不可能了解真實的全貌，因為如此，更顯謙卑。

智者相信人類有能力透過學習與成長來找尋天堂，並藉此創造一個更美好的世界。在這過程中，他們希望能夠自由地獨立思考和主張自己的想法。印度可謂是智者原型的最佳代表。印度代表——台北協會會長羅國棟，就以「多元發展、同一目標」（One goal many paths）為題展開關於印度的敘事。這個演說題旨也呼應了所謂的真理不是唯一，而追求真理的方式也不只有單一取徑，每個人都可以透過自己的個人經歷與領域來獲得真理，尋求解脫。

秉持這種想法，羅國棟一開始並不直接描述所謂的印度為何，而是透過反問的方式，先了解一般人對印度的印象，順勢一一提出大家耳熟能詳的印度：泰姬瑪哈陵、平民百萬富翁、弄蛇人等，再進一步追問「印度是什麼？」。他的開場方式猶如一個典型的智者提問「真理是什麼？」，而印度就像真理一樣複雜，不是幾個名詞解釋的組成，也不是簡單一兩句話

圖20 印度泰姬瑪哈陵

就可以勾勒出整個印度的精神與內涵。印度是一個智者的國度，本身從久遠之前就不斷地尋覓真理；印度也是一個吸引智者前往的國度，是一個讓人發掘內心意義、找到屬於自己真理的良善環境與社會。

羅國棟相當強調「整體性」在印度多元社會中的重要性，他首先從印度的整體形貌開始說起，再深入地探討這個概念是如何體現在印度社會之中。印度經由古典文學、宗教哲學探討人們如何建立一致性、整體性、民主、多元的概念，自古老的年代就開始反覆提起，深刻在人民腦海中。印

圖21　印度多元發展圖文

度是講究身心靈合一的國家，因此外人對於印度的認識也須從「心靈」開

始，多數與印度相聯結的文化印象，都與靈性、靜態的自我成長、心靈修

煉有關，而且時至今日，印度也是依智者原型的特質往內追尋文化成長，

如同菩提樹的脈絡，由地根至樹梢都閃耀著合而為一的光輝。

　　印度和美國一樣是多元民族融合的社會，但印度並不像美國是將這些

多元文化力量拆解之後再行整合，化成一股新的力量為美國共同利益奮

鬥。印度是包容各種民族文化，尊重各自文化原有的本性與內涵，和平共

處，不會試圖將其同化或改變。以語言為例，印度共有二十二種官方語

言，每天有5,600份的報紙以二十一種不同語言出版；在宗教上更是如此，印度宗教開放的程度高居全球之冠，全世界的善男信女都可以在那裡找到自己的皈依，美國文豪馬克・吐溫（Mark Twain）曾說：「就宗教而言，印度是個百萬富翁。」

　　羅國棟對印度的介紹中特別強調支撐印度龐大文化內涵的哲學根基──兩部重要的經典：《吠陀經》（*Vedas*）與《博伽梵歌》（*Bhagvad Gita*）。這當中有兩個非常重要的信念：「世界一家」（World is one family）以及「真理能夠戰勝一切」（The truth alone triumphs）。他指出這就是寬容的根基，也是印度哲學非常強調的部分，亦即不同地區、不同宗教的人，都可以在印度找到歸屬。萬物都有一個不變的真理，只是經由不同的形式來表達。《吠陀經》主要闡述的是：生命的目標就是要追尋整體一致，跟真理、至高者合而為一。這樣的精神延續到宗教及政治，那就是多元宗教及民主政治。羅國棟表示，對於印度的認識與理解必須要從心靈層面開始，特別是藉由宗教與哲學途徑。他強調這兩者其實是無法分開的，因為印度人認為宗教是一種活出來的哲學、一種生活的模式，宗教思維影響到他們生活所有層面，印度生活呈現的是宗教經典中的一致性、整體性、多元、民主等觀念，人們隨著宗教信仰與哲學思考建構起的觀念體

系最後具體實踐在生活之中，才呈現今日人們眼中所見的印度。

從中可以看出在印度的敘事充分表現出智者的典型，印度文化容納各種真理的多樣性與複雜性，並接受真理都是相對性的存在。智者教導我們，我們應該先讓心靈和情感發展到最高境界，才能以理性和情感來了解真理，達到與宇宙合一的神祕經驗（或與萬物一體的大愛經驗）。如此一來，我們才能在放下自我同時依然保有本心，並敞開心靈體會宇宙實相。如海德（John Heider）在《領袖之道》（*The Tao of Leadership*）一書所說：「不需要奮鬥、行動、或改變，而只是去了解和接受任何情況下所發生的事實。」（Pearson, 2009: 298）

印度也在經歷了漫長歲月的洗禮，結晶出了出色的文化寶藏，包括世界上第一所大學塔克西拉（Takshila）大學、最早的草藥醫學院阿育吠陀（Ayurveda）、創立了全世界最長的史詩《摩訶婆羅多》（*Mahabharata*），同時也是零和數字系統的發源地。

智者需要時間來積累豐富的歷練，因此，人們形容印度文化的詞彙中常提及多元或久遠，除了上述古老的知識結晶之外，印度音樂也擁有悠久的歌唱傳統，包括超過十五種的歌唱形式，以及六十種以上不同的樂器；印度服飾「沙麗」（Sari）更是全世界最古老的服飾，且至今仍是人民普

圖22　印度：「小朋友看世界」作品（李羽妍）

遍的穿著，甚至流行到國際間；印度舞蹈藝術也具備多元的特質，國內有

四十五種以上的民俗舞蹈以及七種古典舞蹈（包括Bharata Natyam、

Kathakali、Kathak、Mohini Attam、Odissi、Kuchipudi、Manipuri）。

　　有時候人們會將傳統誤認為阻礙創新的絆腳石，然而，多元與古老並

不妨礙印度的創新進步，真正的智者不會躲在象牙塔中，安於現狀、不求

進步，對傳統文化的喜愛與尊重並不代表守舊，相反地，智者需要不斷的

追求知識，進而淬煉出大智慧。當代印度是世界第七大國家、第四大經濟

體，之後更有可能成為全球成長最快的經濟體，目前印度的電腦製造、軟體設計、數學的推廣與應用、導彈設計開發，在世界相關技術領域都佔有重要的地位，而且印度的科學家與工程師人數也躍居世界第二，這些排行在在顯示擁有古老文化傳統的印度並不故步自封，反而積極投入新科技、培養新世代人才，將智者研究、了解、超越以便獲得知識、智慧與開悟的精神發揮到極致。

第二節　征服──刻下存在的痕跡

「他們不但了解自己所掌握的特殊權力，更會為了改變現狀以身涉險。他們都是在抵抗某種有限、受迫與不利的現實環境。英雄情願冒著生命的危險，也要打敗邪惡的力量來保護社會或是至高無上的價值。亡命之徒屬於分裂的力量，勇於突破文化常規。魔法師則是轉換或治療社會與體制的催化劑。對這三種人來說，採取行動與展現力量是他們最大的願望，而最大的恐懼是無法逃脫命運的擺佈，只能成為無力反抗的待宰羔羊。」

（Mark & Pearson, 2002: 139）

征服象徵著權力的展現與擴張，這些原型的共同特徵是為現狀帶來「改變」或「變革」。面對不利的現實環境，反抗是這類原型特質共同的

選擇。這些原型代表的都是一股超越常人的力量，他們讓人有能力面對挑戰、冒險犯難、打破成規、與改變世界，不同之處在於三者引發的結果有所差異。就像馬克與皮爾森所說的：「就某方面來說，英雄與亡命之徒的差別其實只是取決於歷史觀的不同。」（Mark & Pearson, 2002: 138）其概念類似中國成語「成者為王、敗者為寇」，但不論是王還是寇，他們都代表反抗現有體制、衝破限制、挑戰世界的重要力量，也是人類不斷進步革新的主要動力。

一、英雄——座右銘：「有志者事竟成。」

「英雄希望讓世界變得更美好，而他們最大的恐懼就是缺乏堅定不移與所向披靡的精神，所以這種原型有助於我們培養活力、紀律、專注力與決心。」

（Mark & Pearson, 2002: 145）

大部分的人一想到英雄就會想到過人的勇氣、崇高的理想和冒險犯難的精神，他們會捍衛家園、保護弱者、堅守榮譽。英雄原型通常是依照自己的原則目標生活、奮鬥，而一個由英雄原型主導的社會必然是強調公平競爭、追求自我價值與意義，和不斷克服問題、超越進步的社會。

在這次跨國交流中，捷克代表用來介紹自己國家的敘事模式最貼近英雄原型。典型的英雄歷程都是從童年時期被虐待的經驗，或者被束縛、沒有自由的環境中孕育而成，為了逃離這些困境，英雄秉持無比的信心、毅力與勇氣，克服一切困難以達到自己的理想。捷克的歷史就像一場英雄旅程，雖然捷克經濟文化辦事處代表葛德凱以冷靜的態度簡單說明二十世紀以來捷克的經歷，但這段歷史遠比我們所知更為悲壯、更令人傷痛。

葛德凱以「價值的存與廢」（Values: With or Without）為題，闡述二十世紀以來捷克政治發展的歷程中捷克所堅守的價值意義，以及依循信奉的價值行事之重要性。葛德凱說依時間軸來看，捷克歷史上的許多重要時刻都發生在以「8」結尾的年代，比如說1918年捷克斯洛伐克共和國（Czechoslovakia）成立，這時的共和國境內包含了不同民族，如德國人、捷克人、斯洛伐克人與猶太人等。他指出這時期不同民族之間的衝突摩擦相當劇烈，這種現象表現了一國間的裂隙，尤其在世界大戰之後，不同民族因為彼此利益衝突很難形成共識與向心力，那時的捷克斯洛伐克共和國即遭遇了這種多元民族利益衝突的困境。

第二個捷克史上以 8 結尾的重要年份，是1948年的蘇維埃政變，國家因此陷入共產黨政權的統治。在共產黨統治時期，所有文化行為都是政策

圖23　捷克布拉格

導向，各種出版的刊物和影視產品全成為服膺於政治目的的文化工具。

　　二十年之後的1968年，捷克斯洛伐克共和國發生了一個轟動全世界的「布拉格之春」改革運動，人民群起抗衡二十年來的共產黨政權，企圖以和平的手段推行體制改革，但卻遭到蘇聯及其他東歐五國聯手以武力摧毀。當時蘇聯領導人所指揮的坦克，在「主權有限論」等大旗號召下，以突然襲擊的方式，一夜之間攻佔了布拉格，扣押了捷克黨政領導人。告密、逮捕、大批判、強制遊行、農村大集中、知識份子下放勞動等令人難

以承受的精神與肉體折磨，在曾獲得諾貝爾文學獎的捷克知名小說家米蘭
・昆德拉（Milan Kundera）的小說中不斷呈現。他在《生命中不能承受之
輕》（*Unbearable Lightness of Being*）一書中，這麼描寫1968年「布拉格
之春」捷克人民看到被扣押的國家領導人被釋放後的感受：

> 人們的興奮感只延續了一個星期，國家的頭面人物像罪犯一樣被俄
> 國軍隊帶走了，誰也不知道他們在哪兒，人人都為他們的性命擔心。對
> 侵略者的仇恨如酒精醉了大家。這是一種如醉如狂的怨恨。捷克的城鎮
> 上貼滿了成千上萬的大字報，有諷刺小品、格言、詩歌、以及畫片，都
> 衝著布里茲涅夫[20]和他的士兵們而來。
>
> 俄國逼迫捷克代表在莫斯科簽訂了妥協文件。杜布切克和代表們回
> 到布拉格。這個妥協使國家倖免了最糟的結果：即人人懼怕的死刑和大
> 規模地流放西伯利亞。可是有一點是清楚的：這個國家不得不向征服者
> 卑躬屈膝，來日方長，它將永遠結結巴巴，苟延殘喘，如亞歷山大・杜
> 布切克。狂歡完了，接下來是日復一日的恥辱。

（Kundera, 1991: 45）

即便捷克面對強大的壓迫力量，人民還是不放棄任何改變的可能與希
望；即使在管制森嚴的共產社會氛圍下，群眾還是保有勇於自由的想法與

渴望。當時的作家扮演了相當重要的角色：他們對時政提出嚴正批評，倡議民主的政府，並要求政府必須保持兼容並蓄與開放的態度。捷克人民也清楚地感受到這種氛圍，對於改變可能帶來的新希望也十分樂觀，葛德凱將之稱為社會主義、或是人道社會主義的社會氛圍。這段期間也出現了幾位重要的歷史人物，他們在捷克的社會運動中激起了一波波漣漪，例如在布拉格之春運動期間，改革並領導共產政權的政治人物杜布切克（Alexander Dubček）；前文所述知名作家米蘭・昆德拉；電影導演米洛斯・福曼（Miloš Forman），而他稍後的作品《飛越杜鵑窩》（*One Flew Over the Cuckoo's Nest*）與《阿瑪迪斯》（*Amadeus*），更為他贏得奧斯卡最佳導演獎。

在1968年之後，捷克斯洛伐克也漸漸地步回正軌，然而整體社會的變化是明顯可見的，比如說藝術家的地位被彰顯出來，許多公開發言都引發非常大的人民迴響。在這種背景下，也提升了書報文字的影響力；每逢週四書報發行日，就能見到人群湧進書店搶購最新刊物。文化資訊的傳遞在

---

[20] 在1964-1982年擔任蘇聯共產黨中央第一總書記，於1968年派軍隊鎮壓捷克斯洛伐克。

一般大眾生活中佔了極大的比重，而文學、電影和劇場在這時期也表現得相當突出，例如作家赫拉巴爾（Bohumil Hrabal）寫下《我曾伺候英國國王》（*I served the King of England*）與《嚴密監視的列車》（*Closely watched trains*）等知名作品，後來也都翻拍成電影，可見文學是捷克反抗力量與凝聚集體認同的重要來源。

雖然捷克斯洛伐克的民主化運動在1968年的布拉格之春中受到蘇聯的鎮壓，但是國內不滿共產黨統治的知識份子仍然持續進行地下活動，並於1977年提出要求政府遵守「赫爾辛基宣言」中人權條款的《七七憲章》。捷克斯洛伐克在1989年之前就有不少要求民主的遊行活動，不過就從1989年11月17日起，首都布拉格出現超過十萬人的遊行活動，之後每天都有遊行活動向政府強力要求結束共產黨統治。1989年11月24日雅克什辭去共產黨第一書記一職，捷克政府舉行了第一次的多黨選舉，選舉結果「公民論壇」獲得勝利，在布拉格之春中失勢的杜布切克擔任聯邦國會議長，哈維爾擔任總統，完成政權的和平轉移。[21]

這場反共產黨統治的民主化改革被稱為「絲絨革命」（Velvet revolution）[22]，葛德凱認為這個名詞本身就隱含著反對勢力以正當的和平管道來表達意見，以利推動捷克斯洛伐克的民主化與和平改革。這場革命中不只

訴求和平抗爭，也強調生命與人權的重要性。絲絨革命傳達了人民對民主、自由、人權等價值的尊重，以及對一個兼容並蓄的社會的嚮往。這場革命中產生的政治創意是相當驚人的，但接著所面臨的挑戰也相當艱難，例如原本的計畫經濟如何轉變為市場經濟社會，也會更多人擔心這兩種截然不同的經濟模式要如何承接；想當然耳，當時的政黨政治也面臨許多難題，包括如何建立新的政黨體制、如何建立一個新的公民社會等。

　　直至1993年捷克與斯洛伐克進行了和平分裂，其實這種和平的分裂很久前便萌生於人民心中，捷克與斯洛伐克的人民以民主和平的手段達成這個結果。當然在這個過程中也面臨很多難題，但是葛德凱代表認為這些問題的解決，主要都還是大量仰賴政治家的創意，而這種政治創意的激發似乎可以在過去的歷史上不斷找到例證。

---

[21] 關於捷克相關資料來源：新華網「捷克概況」http://news.xinhuanet.com/ziliao/2002-06/19/content_447185.htm ，查詢日期2012/5/10。

[22] 絲絨革命（捷克語：Sametová revoluce；斯洛伐克語：nežná revolúcia），狹義上是指捷克斯洛伐克於1989年發生的反共產黨統治的民主化革命。從廣義上講，絲絨革命是與暴力革命相對比而來的，指沒有經過大規模的暴力衝突就實現了政權更迭，如天鵝絨般平和柔滑，故得名。

今日的捷克共和國，同時身為歐盟（EU）與北大西洋公約組織（NATO）的成員，一些傳自西歐的觀念如自由、民主、尊重人權和法制等等，都作為捷克政府指導捷克共和國的重要原則，也在此時定義了捷克的文化，說明了捷克人民所渴望的生活、與行事的指導原則。葛德凱最後回到他的講題「價值的存與廢」，總結指出「擁有價值」是很重要的，雖然遵守並實踐這些價值觀並不容易，但這是捷克共和國一路以來努力的方向，而捷克成功地轉型民主國家便清楚地證明了堅守這些價值的重要性；簡言之，就是「以對的方式，做對的事」。

捷克的歷史儼然就是一趟英雄旅程，它受英雄原型的主導，以積極的行動作為改變令人不滿、不平的世界，這種使命感會激發出強烈的情緒，像是憤怒、企圖心與視死如歸的決心，他們利用這股能量來撼動人間，讓世界看見其堅定不移的力量。捷克就是一位英雄，當遭遇重大壓迫的時刻，選擇堅持自己的理想，即使有所犧牲，也不願意放棄追求的獨特生存價值，那就是「人道主義的社會精神」。

追求理想必然要付出許多代價，正如米蘭・昆德拉在書中提到的：

只有必然，才能沉重；所以沉重，便有價值。

這是貝多芬的音樂所孕育出來的一種信念。我們相信正是人能像阿特拉斯[23] 頂天一樣地承受著命運，才會有人的偉大。貝多芬的英雄，就是能頂起形而上重負的人。

（Kundera, 1991: 51）

　　世界上被壓迫的國家不只捷克，受到共產主義統治喪失人權自由的社會也不只有這裡，但不是所有被壓迫的國家、失去自由的社會，都有勇氣面對壓迫、做出反抗；也不是每個國家都能有智慧和平化解國內的裂痕。捷克人選擇了自己的道路，在主講者葛德凱代表的眼神中，我們看到了他對國家的自豪；我們也在聞名世界的捷克作家與作品中，感受到捷克人對國家的認同、熱愛與驕傲。

二、亡命之徒──座右銘：「秩序就是拿來破壞的。」

　　「破壞力是一種持續增加的混亂失序傾向，它是宇宙間的一種自然律。人把規律秩序強加在一個沒有秩序的地方，破壞力量就是為反抗這個秩序而生的力量。」

（Carol Pearson, 2009: 167）

---

[23] 阿特拉斯為希臘神話中的頂天巨神。

就像前文所述，英雄與亡命之徒之間的區別往往只是歷史觀的不同，兩者共同具有反抗現狀和衝撞體制的拼勁。成功推翻舊體制、建立起新秩序的人稱為英雄，無法推翻體制、也無力顛覆秩序者，只能流離在正常體制的邊緣，他們被視為秩序的破壞者，對社會穩定構成威脅，然而這種亡命之徒卻往往對我們具有禁果般的誘惑力，人們深層的需求不只是追求穩定，還有更多對破壞秩序的渴望與激情。

其實，這些亡命之徒的個性浪漫、極具魅力，他們象徵一股反抗勢力，隨時準備翻轉各項暴政、壓迫、規則或向犬儒主義低頭的社會。在近代歷史上，我們可以想到的例子有在天安門廣場上不顧坦克壓身示威的民眾，以及世界各地投身人權與反戰運動的參與者。

按照榮格的說法，個人和文化都會有「陰影」，也就是不容於外界而必須加以隱藏與否認的特質。亡命之徒代表了文化的陰暗面，亦即那些受到社會鄙夷與漠視的特質，就這方面，亡命之徒可以釋放社會中被壓抑的情緒，就像是古代在節慶時允許民眾大肆放縱，例如英格蘭在5月1日當晚都會解除平日的禁慾規定，藉以抒解民間的壓力，這也有助於穩定現有的文化。（Mark & Pearson, 2002: 167）

義大利威尼斯最負盛名的狂歡節（Carnival），就是一種顛覆原有社

圖24　義大利威尼斯

會階級秩序的極端放縱。威尼斯的面具文化在歐洲文明獨具一格，極少有城市能像威尼斯一樣將面具融入日常生活。十八世紀以前，面具和威尼斯居民的生活緊密結合，不論男女，人們外出都要戴上面具、披上斗蓬，這種專屬於威尼斯的面具稱為「包塔」（Bauta），面具掩蓋了真實身分，所以人們可以毫無顧忌、恣意狂歡。詩人拜倫（George Gordon Byron）

曾說：「忘不了威尼斯曾有的風采：歡愉最盛的樂土，人們最暢的酣飲，義大利至尊的化裝舞會。」面具代表的是虛掩矯飾的另類性格，如今成為威尼斯狂歡節的重要象徵。面具，往往用來隱藏真實的身分與社會地位，讓人與人之間的交流更加自由，不需要受到平常社會階級甚至是道德的種種約束。在階級意識極為濃厚的中古世紀，藉由面具的喬飾，貴族和平民處在相等位階，拋離階級的枷鎖，所有人縱情於短暫的狂歡節期間，探索著人性的欲與慾。

　　另外一個同樣位於義大利，聞名世界的亡命之徒的所在是黑手黨的故鄉「西西里島」[24]。當時西西里島因為備受戰爭爭奪及新民族統治之苦，西西里人不斷受到壓迫，因而許多中年男子便組織起來保護家人親屬；關於黑手黨的真正起源有此一說：在1282年西西里島首都巴勒莫（Palermo）有一位少女，在她結婚當天不幸被一位法國士兵所殺，西西里人的怒火一觸即發，立即在事件發生後組織了武裝部隊，「事件發生後，西西里人組織了一支武裝部隊，並以『消滅法國是義大利的願望』作為起義的口號」[25]，這便是「西西里晚禱事件」。而黑手黨的義大利文 Mafia ，就是以 Morto Alla Francia, Italia Alela——「消滅法國是義大利的願望」這句話的義大利文縮寫而成。黑手黨最初的組成是以血緣、親屬關係世代相

傳，主張以暴力手段求取生存的貧苦農民所建立的祕密團體，提倡同舟共濟、休戚與共的幫會精神，要求成員嚴守祕密，違者處以極刑。

　　原本為了保護家人而存在的組織，歷經政權更迭及歷史演變，漸漸轉變為以復仇為中心，他們動用私刑，對欲復仇的對象進行恐嚇威脅、殺害性命等等違法行動，西西里人也將黑手黨當成事業來經營，利用合法企業掩飾非法，暗地裡從事非法交易。黑手黨並沒有明確的政治綱領，在第二次大戰期間曾被美軍利用作為登陸西西里島的內應。戰後，在美軍的扶植下，黑手黨、梵蒂岡與義大利天民黨相互勾結，以金錢、權力與選票進行交易，以便阻止義大利共產黨上台執政。同時黑手黨也獲得政治庇護，取得很大的發展空間，僅西西里島上就有黑手黨成員45,000人。[26]

---

24 黑手黨起源於義大利西西里島及法國科西嘉島。西西里島是一個爭戰不斷的海島，由於地處地中海商業貿易路線的重要位置，西西里島從西元前便是兵家必爭之地，前前後後被許多民族佔領過，例如迦太基、汪達人、阿拉伯人等，所以西西里島上有許多不同風格的建築。1282年的「西西里晚禱事件」為黑手黨的組織揭開了序幕。

25 資料來源：伍麗微，〈黑手黨隻手遮天的歷史風雲〉，香港《文匯報》2012/1/19，A31版。

26 資料來源：黃昌瑞，〈義大利社會的不治之症——黑手黨〉，《經濟世界》期刊，1997年第11期。

　　從十九世紀末到二十世紀初，是黑手黨最興盛的黃金時期，義大利各地都湧現黑手黨組織，其犯罪手法也從單純的收取保護費演變成為各式各樣的犯罪形式。根據國外媒體報導，僅在西西里島，最高峰時期黑手黨每年有20億歐元的保護費收入，其來源包含島上80％的企業與商店，小商舖與酒店每個月要交200歐元、大型超市每個月約交5,000歐元的保護費。[27]根據聯合國估計，黑手黨犯罪集團每年在全世界販賣毒品的營業額高達3,000億美元；義大利有關部門調查，黑手黨在義大利本國進行各種非法活動的收入高達1,100億美元，相當於農業與建築業的產值，曾經佔國內生產總值的12％。（黃昌瑞，1997）

　　黑手黨除了交易以外的活動就是暗殺，暗殺不只是解決恩怨的手段，他們更靠著暗殺來獲取非金錢可衡量的人際報酬。在西西里島，黑手黨不一定完全是罪大惡極的，甚至還具有穩定社會秩序的作用，例如一個窮困且沒有自衛能力的可憐人受到了委屈，當他在法庭上無法得到公平公正的判決時，往往會求助於黑手黨的勢力；有些西西里人在思考事情的解決方案時，第一個想到的不是尋求法律途徑，而是委託黑手黨處理。當人民受到政府壓榨苦不堪言的時候，黑手黨便是他們最佳的避風港，有些人甚至以他們跟黑手黨有關聯感到驕傲，黑手黨成員也以自己身為黑手黨的一員

感到光榮。

　　當國家的政治權力無法維持社會秩序時，黑手黨成為地方維持穩定秩序的來源，甚至成為所謂的「影子政府」——具有自己一套的行為準則與執法系統。義大利的黑手黨之所以能長期猖獗活動，也是因為政治、司法界人士相互勾結進行庇護。貧窮、落後是黑手黨得以生存與發展的重要社會條件之一（黃昌瑞，1997），不過，隨著國家政治權力的日益完備，黑手黨也逐漸失去存在的正當性與地方秩序維護者的舞台。

　　至今仍有不少膾炙人口的書籍、電影以這群人為主題，描述黑手黨的文化，其中最著名的就是柯波拉（Francis Ford Coppola）在1972年所執導的《教父》（*The Godfather*），不但獲得第四十四屆奧斯卡最佳電影、最佳男主角及最佳改編劇本等三項大獎，也是影史經典，並自此掀起黑幫電影新潮流。這股風潮也顯示出每個人心中對亡命之徒那股又愛又恨的矛盾情緒，西西里島也因此聲名大噪。雖然恐懼西西里島的治安與無處不在的黑暗勢力，但人們卻又被這股神祕的魅力深深吸引，期望一探黑手黨的故

---

27 資料來源：肖文，〈西西里島世界黑手黨的發源地〉，《環球人文地理》期刊，2012年第1期。

鄉。然而，現在西西里島黑手黨的活動已經不再那麼高調與顯目，過去收取保護費、街頭火拼、暗殺的幫派活動都已經逐漸消失，現在黑手黨所經營的違法事業，包括販毒、走私軍火、洗錢等活動，基本上都是以謀取大量的經濟利益為主，盡量不想引起官方與媒體的注意，對於穩持當地社會秩序的作用已經完全消失。對於那些慕名而來想一窺黑手黨面目的遊客而言，大多敗興而歸。相對於外地遊客的好奇與對黑手黨的許多想像，西西里島當地居民反而是努力要擺脫島上黑手黨的形象與陰霾，他們大多不願意談到黑手黨的議題，甚至是極力撇清西西里島與黑手黨的關係。

　　例如，最近義大利就出現要平反西西里島是黑手黨故鄉的刻板印象的聲音，甚至還有人針對西西里島的黑手黨問題，出版了一份特殊的觀光指南——《再見黑手黨》（*Addio-pizzo Travel*）[28]，保證遊客吃喝購物，都「不會有一分錢流入黑手黨口袋」。根據義大利《米蘭晚郵報》（*Corriere della Sera*）指出，指南發行者為一知名的反黑手黨青年組織，他們幾年前在西西里島首都商家到處張貼反黑手黨貼紙。負責這份觀光指南電腦作業的札夫圖（Edoardo Zaffuto），今年三十三歲，初為人父的他說，對抗黑手黨需要時間並付出不少代價，但他的夢想是替孩子打造一個不同的城市。有趣之處在於對西西里島的黑手黨來說，這些反黑手黨的年輕人也算

圖25　輔仁大學義大利與文學系系主任圖莉教授

是一種亡命之徒的典型。

　　巧合的是兩個亡命之徒原型的例子都出現在義大利，義大利這個國家很特別，它位於地中海的中心，是歐洲文明的主要發源地之一，擁有豐富多元的歷史文化，兼具了傳統與現代、古典與時尚、風雅與混亂等各種矛盾複雜的風格特色。這種複雜矛盾的特質，也反映在這次座談會輔仁大學義大利與文學系系主任圖莉（Antonella Tulli）對義大利的簡

28 《再見黑手黨》發起人利克波諾（Dario Riccobono）今年三十歲，目前任職威尼斯旅遊經濟國際中心。他表示，發行指南是想推廣適合校外教學、市政導覽、輕鬆休閒的旅程，不要讓人家想到西西里島就聯想到典型的「黑手黨之旅」。這份指南中列出的四百多家旅館、餐廳、雜貨舖、書店，都是勇於向黑手黨控制說不的商家，指南以地圖方式繪製，依西西里島地形標出店家位置。（中央社2009/11/6）

介中，她指出過去多數人對於義大利的印象多停留在文藝復興、古羅馬時期等傳統的歷史印象，而現在的義大利時尚、設計、食物、藝術、建築也都發展成知名的文化產業。義大利的文化是根源歷史累積的產物，而文化創意產業的發展卻是根基在傳統及歷史上，以其作為創意的素材或資源，因而重視過去才有可能看到未來。不過，另外要思考的重點是，歷史越久不一定代表創造力越強大，重視傳統之餘也要避免受限於傳統，文化的交流及分享才能使創造力和創新力得以延續生長。她強調，在新時代中不同國家之間文化交流、相互影響，創造力的展現並不是為了標新立異與令人印象深刻，這不是真正的藝術表現，而以新的方式表現出自我與傳統，所謂的創新是舊傳統與新表現的融合，這才是創造力表現。

事實上，不只是義大利，所有國家的創新，無一不是建立在特有的歷史與社會文化基礎上。傳統與創新原本就不是二元對立的存在，而是相輔相成、相互滲透。義大利之所以這麼迷人，在於它的歷史和地理位置塑造其悠遠的人文意象和對自由的嚮往與追尋，義大利加入歐盟之後，一直被視為歐盟中最不遵守秩序的國家，義大利人聒噪、熱情、好事、衝動、強調個人更甚集體。一個謹守秩序、安於現狀、服從集體的社會，很難有所突破創新，義大利正因為其叛逆、混亂、多元、不安分的個性，才能激發

圖26 義大利：「小朋友看世界」作品（陳育綺）

出這麼豐富多元、又極具吸引力的文化色彩，呈現給世人一個多樣美麗的城市樣貌。

　　整體而言，亡命之徒就是對現有秩序存疑的破壞者，但還無法完全推翻現有體制，或者還無法建立起一套穩固的新制度，因此流離在體制邊緣。一旦有人開始意識到現有制度規範存在著不公、漏洞，並渴望修正、改革或反動之時，亡命之徒的原型也同時浮現。這股力量往往是社會改變的重要推力，如美國的1960年代堪稱是亡命之徒盛行的年代，這些反文化、反社會者也為後來社會開啟一股嶄新的創造力量。蘋果電腦的創辦人賈伯斯就認為：「與眾不同的思考（Think different）展現了蘋果的精神，

那就是充滿熱情創意的人可以讓世界變得更美好。」（Mark & Pearson, 2002: 180）

三、魔法師——座右銘：「沒有不可能的事。」

> 「魔法師原型的力量，是藉著改變意識層面來改變現實的力量。」
>
> （Carol Pearson, 2009: 259）

　　魔法師最基本的條件就是渴望發掘事物運作的基本定律，並把這些原則用來實現心中的想法。古代社會扮演魔法師角色的人有巫師、女巫、魔術師、算命師、僧侶和祭司等；現代社會則是由醫師、心理學家、諮詢顧問等人扮演這些角色。魔法的特別之處在於強調「意識」影響「現實」的重要，如美國巫師絲塔霍克（Starhawk）將「巫術」定義為：「一種以意志力來改變意識的藝術……巫術可以神奇奧祕地涵蓋所有遠古以來能加強人類心靈意識、提高直覺、和發展靈魂的方法技巧。」（Pearson, 2009: 260）

　　簡單來說，魔法師原型所強調的是一種「心想事成」——內心與外在相連的狀態，通常透過儀式來改變我們的意識狀態或現實情境。傳統社會運用祭典儀式維繫族群，並加強他們與精神力量的聯繫。同樣地，儀式也

圖27　冰島風景

可以用在治療或改變上，將注意力集中在希望改變的事物上，有意識地放棄舊有的事物以迎接期待中的新情勢。儀式類型有繁有簡，但所有儀式都象徵著「改變」。所以就創意的本質來看，任何創意人都或多或少擁有魔法師般的信仰，才會透過改變具體現實的過程來創造新的物品與生活。

　　冰島就是一個符合魔法師原型的國家，冰島人在瞬息萬變的大自然中生活，險惡的地理環境讓他們隨時保持警惕，同時也激發了他們的想像力，更重要的是提醒他們生命是何等脆弱。冰島舉國上下對精靈（Elves）的存在深信不疑，甚至會為了避免破壞精靈居住的地區改變路線、繞路而

行。[29] 冰島人相信生活周遭充滿了超自然的現象，不只是精靈的傳說，他們也相信夢的預言以及靈魂學說。這是一種深植在冰島塞爾特人心中的古老傳統，一切和其自然景觀密切相關——包括惡劣的天候、遍佈的岩石、以及稀少的人口。冰島人在築路或築屋之前，都會請來通靈者詢問精靈的意見。有些人相信精靈會像人一樣選擇良好的地方居住，這是他們保護自然的一種方式。[30]

冰島人就像魔法師一樣將大自然的危機轉化成為創造力的來源，如魏納（Eric Weiner, 2009）所描述的：「只要稍微在雷克雅未克溜達一下，就會發現這地方有創意極了。一棟棟建築物好像不是藝廊、就是音樂店，不然就是咖啡館——裡面坐滿作家，全部都努力寫著偉大的冰島小說。」冰島始終名列世界最快樂的國家之一，可能是因為冰島人充滿了無限的創造力與想像力，就如康德（Immanuel Kant）所言：「快樂並非理智的極致，而是想像力的極致。」英國學者史柯奇（Richard Schoch）也在《幸福：追尋美好生活的八種祕密》（*The Secrets of Happiness*）一書中寫道：「在某種程度上，人的想像力必須建築在邏輯的範圍之外，因為想像力始於設想未來的現實：那個可能會成為的自己。」（Eric Weiner, 2009: 172）

冰島不斷創造屬於自己的文化，幾百年來位於又冷又暗的地方，於是古代的冰島人創造了侏儒、小精靈和其他想像中的小生物，讓他們遍佈在蠻荒的鄉野裡陪伴著孤獨的冰島人。此外，冰島這塊土地本身就是一個活生生的存在，每天都不斷變化著形貌，成為創造靈感的來源。冰島人相信能量的聚集釋放，往往會在夏天大太陽的時候蓄積太陽光，得到的能量會

29 精靈通常被描述成居住在岩洞中類似人類的生物，一千年前的冰島人口大約只有7～8萬人，藉著想像精靈居住在冰河及山中，即使在荒涼的地方，冰島人也覺得自己有著同伴。位於雷克雅未克（Reykjavik）郊區的漢福納福鳩德市（Hafnarfjordur）是著名的精靈居住地，也因此成為眾多遊客拜訪的觀光地，旅行社甚至還推出精靈遊，帶著旅客參觀精靈的住所。其中以一塊精靈棲息的大塊岩石最為有名，當地居民為了不打擾居於其中的那些隱形房客，附近的一條道路若干年前被轉向。（出處：《大紀元》2005/7/27， http://www.epochtimes.com/b5/5/7/27/n999476.htm，2012/5/20）

30 這樣的事件並不罕見，在1970年代臨近冰島科帕斯沃古爾地區（Kopavogur）的道路在施工時，路中的一塊大岩石屢次毀損工程機具，人們因此相信那是一塊精靈石，而將其保留至今。1996年在同一個鎮上，一位推土機操作者在為一塊墳場開道時，也因為疑似破壞到一座精靈山而遇到問題，施工的兩架推土機反覆無緣故地失靈導致工程停擺。在當時，工程督導喬恩（Jon Ingi）說：「我們將和精靈們溝通，看看能否取得他們的諒解。」而在通靈者和精靈溝通之後，工作才得以恢復。精靈存在於冰島人的日常生活當中，像曾為博物館館長的漢克納德提爾（Hakonardottir）女士就相當篤定他們的存在，即使在十五年內她僅見過精靈一次。然而就如同她所說的：「那是一種感覺。」（出處：《大紀元》2005/7/27，http://www.epochtimes.com/b5/5/7/27/n999476.htm，2012/5/20）

幫助他們度過陰暗的寒冬。

　　不同於歐美國家的專業化趨勢，冰島人相當喜歡多重角色的學習歷程，他們認為專業化只是讓人在越來越狹窄的範圍內，知道的越來越多；但在冰島，人們卻在越來越寬廣的範圍內，知道的越來越多。

　　就像魔法師一樣，冰島人強調意識與能量的心理狀態，自我感覺良好的往前邁進，就像心理學家希森米哈（Mihály Csíkszentmihalyi）在《心流》（*Flow*）提到：「能決定我們感覺的，並非我們真正擁有的技能，而是我們自認擁有的技能。」（Weiner, 2009: 182）冰島人樂觀進取、忽略失敗與挫折，相信精靈的存在與超自然的力量，也相信自己能憑藉著信念與意識獲得改變、克服一切。

　　另外一個也具魔法師原型的國家就是印尼，印尼是目前世界回教徒最多的國家，當地人大多信仰伊斯蘭教，也有人信仰佛教、基督教、印度教等。但是在這些宗教信仰進入印尼之前，當地人受傳統的「萬物有靈」思想影響，相信世間萬物皆有靈，一草一木之中都可能寓居著神靈。因此在宗教信仰之外，很多印尼人還相信古老的巫術，相信佩戴幸運符能夠消災免禍，有關超自然現象的雜誌在當地市場上極為暢銷。當遇到一些難以解決的問題時，不少人還是會尋求巫師的幫助。在印尼，巫術分黑白兩種，

黑巫術是多用於復仇或報復他人；白巫術據稱能祈雨、治病、除蟲、尋物，可以使不孕婦女生子，使沒有感情的男女相愛，還可以對抗黑巫術的咒語。

在印尼祭拜活動幾乎成為人們日常生活的核心。無論是在城市還是在農村，家家供奉神龕，村村供奉神廟，他們甚至連汽車、機器等現代化產品都要祭拜。清晨，每家每戶必做的事就是獻上供品朝拜；在街上，婦女們梳洗打扮後，在家中神龕、公共神廟、街邊、海灘等任何她們心中的神聖地方，放下一個用香蕉葉或椰子樹葉編成的正方型扁盒，裡面盛上鮮花、餅乾、糖果和其他供奉品，灑上聖水，再燃上一炷香，然後雙手合十，默默祈禱。[31]

印尼人相信世間萬物皆有靈，特別是在印尼峇里島。一到那裡就會感受到濃厚的宗教氛圍，當地居民不論是什麼神靈都加以祭拜，以免遭受處罰或報復。印尼人更進一步將這種對萬物的敬畏昇華為各種藝術表現，例如峇里島在音樂、舞蹈、雕刻、繪畫各方面都具有獨特的成就，為西方當代藝術家提供了許多創作靈感，對世界藝術潮流產生深遠的影響，因此峇

---

[31] 資料來源：《世界新聞報》2008/1/22，http://big5.cri.cn/gate/big5/gb.cri.cn/12764/2008/01/22/2945@1922470.htm，查閱日期2012/5/20。

里島又有「藝術之島」、「藝術聖殿」等美稱。去峇里島不需要特別參觀專業的藝術館，只要用心觀察，在日常生活的各個角落隨處可見精雕細琢的雕刻藝術品，他們將各種神靈與傳說故事，雕刻成為各種藝術造型作品，內容豐富多樣，令人目不暇給。

印尼人把對萬物的尊敬轉化成為藝術創作的來源，正如駐台北印尼經濟貿易代表處的貿易部主任邦阪（Bambang Mulyatno）所提到的「蠟染布」（Batik）也是一樣[32]，Batik對於印尼來說是一項相當重要的傳統文化，至今更扮演了印尼發展文化創意產業的重要元素。 Batik出現在一千多年前，技術遍佈於埃及、中東、土耳其、印度、中國到西非，在印尼發揚光大，傳統上因為難製造，本來只有貴族皇室才能使用，而演變至今成為一般人民也可以使用的產品。在製造方面，Batik技術多用棉布、絲綢製作，其製程複雜，需要多次重複染製，花費時間長，可能需要一週至一個月才能製成一匹布。設計方面，因為受到不同地區的影響，各地有其不同的特殊蠟染圖樣和設計，像爪哇地區就跟沿海地區的設計有所不同。而受到其他國家的影響，也形成了如荷風Batik、中國圖樣Batik（娘惹風、華人風）、日本風格Batik等，混合了各國風格、多種色彩，也因此創造了獨特的蠟染風格。

　　印尼對Batik發揮了充分的創意，除了作為包裹身體的salon，也可在日常生活中看到其作為壁畫、家居裝飾用途，從過去工藝師的使用，到現在Batik開始在設計產業中被賦予很重要的角色，像是吉他花樣的設計等。近年有服飾設計師提爾塔（Iwan Tirta）極力將蠟染衣料推廣至設計界，而像是曼德拉、微軟董事長比爾‧蓋茲、U2主唱Bono等名人也都在公共場合穿著Batik的服飾。除此之外，印尼人更將這種藝術創作融入日常生活之中，將每週五訂為印尼的「Batik日」，在這一天，印尼人會穿上各式各樣的蠟染服飾。Batik除了是印尼人的生活習慣，也是傳統文化轉型為經濟發展的重要元素。這一切都揭示印尼對每項物品的尊敬與誠意，他們相信萬物皆有靈，更重要的是他們是賦予這些事物新生命與新價值的魔法師。

---

32 Batik基本是一種染製棉布的技術，其將一部分棉布用蠟蓋住，而後用熱水將蠟去除，在蠟所覆蓋住的部分就會沒有顏色，因此Batik可以稱作為一項技術，也是一項產品。

第四章 十二個英雄旅程——歸屬與穩定

> 「無論用哪種方式,美好人生、快樂生活的一大重要元素就是:人必須與大於自身的事物連結,人必須認定自己不只是宇宙雷達上的光點,而是某個更大事物的一部分。」
>
> (Eric Weiner, 2009: 123)

圖28　德國展區一角

　　前一章我們講述了獨立與征服，這兩種動機都在於強調個人追求自由與價值，然而，個人自由不論多麼珍貴崇高，人始終是群體性的生物，生命的價值在於創造自己與他人、甚至是集體之間的連帶關係。正因為人的內心深處充滿了對歸屬與穩定的渴望，所以人們會尋找認同與故鄉，一個社會一旦失去認同、思想、記憶與向心力，在社會中的個人就容易陷入迷失的困境，成為漂浮在茫茫大海中的一葉孤舟。其實，個人自由與社會穩定並不是兩個對立的極端，而是人類最根本的需求與慾望，我們置身於錯綜複雜的世界裡，而個人自由的真正意義是在一個認同歸屬的社會裡頭找

到所需要的確定性與安穩感。就如同許多在國外工作生活多年的專業菁英人士，在異鄉奮鬥多年也有所成就，這些人之所以願意放棄海外安適優渥的生活回到故鄉，所追求的也都是認同和歸屬。

第一節　歸屬——沒有人是孤獨的

「人最渴望的事情是他們的需要獲得滿足，有安全感。他們也希望有依賴感，而依賴的對象，有可能是某種母親的形象，有可能是神，有可能是別人，甚至有可能——出於病態性的自戀——是自己。不管對象是誰，反正一定得要有個依賴的對象就是。人並不渴望有獨立於同儕的旨趣之外的自由。」

（Montagu, 1966: 77）

不管是早期穴居人類或部落成員的聚會，還是現今所流行的聊天室、社交網站，都顯示出人類對於接觸、互動與歸屬的渴望始終都很強烈。馬克與皮爾森（2002）提出三種關於歸屬的原型，可以提供有用的模式或結構，幫助我們實現與人群連結的需求。凡夫俗子有助於引發行為與看法，使我們既能完全融入群體，又能擁有一套適用於所有人的價值觀，而不光是只適用於那些秀異之士；情人能使我們成為有吸引力的人，同時也有助

於我們建立情感與肉體上的親密關係；弄臣叫我們要放輕鬆、活在當下、盡情地與人交往，不要擔心別人怎麼想。這些強調歸屬的原型，會帶來一種令人喜愛、受人歡迎與互為一體的強烈感受。

現代化社會每個人都來去匆匆，人與人之間的接觸與互動變成一種工具性的手段，其他交往被視為無益於生活，於是每個人逐漸變得越來越孤獨。然而，人的內心對於歸屬與接觸互動都有一份渴望，隨著商業社會對這種交往越壓抑，人們對這類原型的渴望就越強大。

一、凡夫俗子——座右銘：「人生而平等。」

「凡夫俗子所展現的就是身為普通人，和其他人沒什麼兩樣的特質。基本理念在於，每一個人一定都是天生我材必有用。同時也堅信，享受生命的美好是每個人與生俱來的權利，不只是專屬於貴族或菁英份子。」

（Mark & Pearson, 2002: 215）

凡夫俗子最希望的是逃離孤獨感或化外感，因為他們並不希望獨排眾議或標新立異，他們只想要融入人群，只要這種渴望能滿足，他們就會安然地沉浸在甘於平凡的平靜中。融入在眾人之中的愉悅源於人們內心深處

對歸屬感的需求，而這種平凡的幸福在瑞士這個國度表現得最為突出。魏納寫到一位瑞士人解釋瑞士人快樂的原因，在於他們會竭盡所能不去挑起別人的嫉妒。瑞士人認為嫉妒是快樂的大敵，因此全力壓制它。「我們的態度是別讓太多的聚光燈照在你身上，免得人掏槍射你。」這和強調個人英雄主義的美國文化大不相同，「美國人的作法是：有錢，就拿出來炫耀。瑞士人的作法則是：有錢，就拿去藏起來。」（Weiner, 2009: 39）

　　不喜歡炫耀式生活，以普通平凡為樂，瑞士人過的是低調的中庸生活，他們容易滿足、各忙各的、絕不過與不及。瑞士人快樂的方法，就是在中間地帶生活，居於平均地帶最舒適，不要衝得太高或落得太低，盡量和普通人一樣。因為喜歡平凡穩定，所以對於特別極端、不合群的行為忍受程度很低。因此，在瑞士很多地區，對於影響他人生活的個人行為都有所限制約束，例如：星期天不准除草或抖地毯、任何時候都不准把衣服掛在陽台上、甚至是晚上十點以後不准沖馬桶。這點和德國人很類似，德國人的集體性也很強，因此日常生活習慣盡量不要因為個人生活作息的特殊性影響其他人，例如下午一點到三點是午休時間，不要使用洗衣機或吸塵器；晚上十點之後不要打電話，避免吵到其他人；德國有些旅館甚至規定九點之後不能洗澡，以免流水聲吵到其他住客。不過，德國在二次大戰之

圖29　德國展區一角

後，經歷了那段納粹利用集體主義對猶太人迫害的傷痛歷史，現在的德國比較不願意強調自己的集體主義與國家種族意識。因為德國有特殊的歷史記憶與集體傷痛，所以他們現在更注重多元認同和人與人之間的多樣性。

　　這種價值觀的轉變具體展現在德國年輕一代，如本次演講中哥德學院德國文化中心的伊莉莎・史佩（Elisa Marie Spahn）以「年輕的德國靈魂」（Young German Spirit）為主題，探討德國新生代（15～25歲）的價值觀與對國家的態度，她認為目前的德國年輕人重視學業上與職場上的成

功，對於家庭的觀念以及承襲至父母輩的價值，已經逐漸被個人成就與利益所取代。有趣的是伊莉莎以德國老一輩深切憂慮的問題作為起點，這些老一輩的德國人害怕年輕一代「傳統價值的遺失」或是「道德淪喪」的問題，媒體甚至以「對什麼都不感興趣的一代」（Null Bock Generation）來稱呼這個世代。從這點可以看出以往德國人確實比較著重傳統價值與集體道德，然而，受到全球化的衝擊，新一代的德國青少年更重視個人成就與利益。弔詭的是，全球化也激發德國年輕一代逐漸發展出一種和過去世代不同的國家認同。伊莉莎指出，在全球化浪潮下年輕人更能體認到自己國家文化與生活方式的差異性，因為感受差異，進而思考、尋找本源，不同國家與文化的碰觸反而讓人開始尋找認同與包容。

另外一個建立集體認同的觸媒是舉辦國際性活動，如2006年德國主辦的世界盃足球賽，世界盃無疑對於整體經濟產生重大影響，但它同時大大促進了德國人的國家自豪感。伊莉莎指出國家自豪感的上升在時尚中也有所表現，一個很好的例子是德國年輕設計師依娃‧龔巴赫（Eva Gronbach），出身德國的龔巴赫足跡遍佈歐洲各地，2001年她以 "Declaration of Love for Germany" 為名的秀展，首度公開宣稱對德國的熱愛，她設計的作品都傳達著一個同樣的訊息：「我是德國人而且我愛我的祖國」（I am German and I love my country）。龔巴赫使用德國的民族顏色和圖樣象徵，例如將德國徽章上的老鷹轉化為時尚的概念，以有著她的名字以及老鷹的圖像作為其個人標記，並以黑色、紅色或金色將其燙印在T恤、裙子和褲子上。2006年世界盃足球賽時，在"Germany: Land of Ideas"的概念下，她設計了一組以黑色、紅色和金色秀出「我是你們的粉絲」的字眼的官方織品。伊莉莎指出這個例子呈現出德國年輕時尚界中，設計師普遍展現自己對熱愛祖國的一種態度。

歸屬是尋找一種與我同類的認同與安全感，那是人類內心共同的渴望，因此人們會有尋根之旅，探索自己的起源，從哪裡來、往何處去。不同於德國人的國家認同與歸屬感是因為歷史事件而有所轉折，瑞士沒有戰爭與歷史的包袱，所以瑞士人的鄉土認同形式始終連貫一致，他們的鄉土觀念很深，連護照上都註記了祖先所在的鄉鎮，那是代表祖先發跡的地方，或許他們終其一生從沒到過那地方，但那兒卻是他們的家。正因此瑞士人還發明了思鄉（heimweh）的觀念，他們是第一個用這個詞來表達離鄉背井那種失落感的民族。

除了對鄉土的認同之外，馬克與皮爾森（2002）提到凡夫俗子是民主的基本原型，中心思想是「一人一票」，每個人都享有同樣的權利與義

務。實施直接民主的瑞士正符合這種原型，在瑞士經常需要進行投票來決定各種大小事情：大從是否加入聯合國，小到是否要禁飲苦艾酒，種種事物都由人民共同投票決定。瑞士人平均每年投票六到七次，甚至瑞士人還曾經投票決定是否增稅。連國防大事都可以由人民自己決定，在1989年瑞士國會議員格羅斯（Andreas Gross）主張廢除瑞士軍隊，居然有35%的選民投票贊成，至今瑞士的部隊規模已經比1989年少了一半。

　　一般以為民主的主要目的是為了追求自由，事實上，法國哲學家托克維爾（Alexis de Tocqueville）早在1830年代觀察美國民主制度時就已經提出：民主的誕生並非對自由的追求，而是自治的要求。民主是為了達到社會共同信念的工具，重要的還是社會的共同信念：「一個社會要是沒有共同信念，就不會欣欣向榮，這是很顯然的事。我們甚至不妨說，一個沒有信念的社會根本不能存在，因為沒有共同信念，就不會有共同行動。」（Tocqueville, 2005）

　　瑞士是一個人人平等的民主社會，每個人安於平凡、樂於中庸，看起來每個人都是凡夫俗子，然而，這些凡夫俗子卻組成了一個世界上最快樂、最和平的國度。瑞士人沒有個人英雄式的冒險故事、沒有想要出類拔萃的創新渴望，他們只是在複雜多變的世界裡頭，尋找一種自己習慣的步

調與歸屬，無法認同這種與世無爭思想的人會覺得這樣的生活過於枯燥乏味，但或許這樣的節奏與生活模式才是人類生存最舒服快樂的狀態。這才是平凡中的偉大，如盧梭（Jean-Jacques Rousseau）所言：「不能忍受乏味的年代，必定是渺小的一代。這類人不當背離大自然緩慢的演進過程，有如剪下來放在花瓶裡的花，生命的脈動漸次枯萎凋零。」（Weiner, 2009: 49）

二、情人──座右銘：「我心只有你。」

「沒有愛，生命就無法與靈魂結合。……沒有生之本能，我們雖活著，卻沒有真正的活，因為我們的靈魂沒有真正進入生活；是熱情執著和情慾渴望等生之本能，讓我們真正地活著。」

（Carol Pearson, 2009: 186）

情人的原型強調愛與本能，愛是一種連結與依附，從人呱呱墜地那刻開始，生命就不斷地和他人與整個世界建立起各種依附連帶關係。可以說是出自於愛，也可以說是出自於求生的本能，孩子成長過程中最重要的任務就是讓自己與親密的對象密切結合，如果無法達成這種依附關係或連帶，人就會產生各種問題，包括封閉、自戀、無法承諾負責等。在求生本

圖30 泰國風景

能的保護下而產生的依附與連帶關係非常原始，是屬於感官的、肉體的，母親與孩子的初期依附關係，包括最基本的吸吮功能，不僅能滿足孩子身體和情感上的飢渴，也平息孩子的不安；與愛人間的親密關係，也延續了這種極端肉體的、脆弱的、信任的，和渴求親近、了解與被了解、以及抒發性慾的特質。

因此，情人原型傳達了熱情、充滿活力、性感與親密，而其要逃避的是枯燥、乏味、一成不變、冷漠、疏離的關係與狀態。最符合情人原型的

國家就是泰國，泰國是一個浪漫、充滿異國情調、熱情洋溢、親切又陽光的「男人天堂」，這當然不只是形容眾所皆知、聞名世界的泰國發達的性產業，更重要的是形容泰國人那種知足樂天、樂觀開朗、充滿活力和生命力的態度與活潑的文化創意。

皮爾森指出本能衝動（Eros）的特質就是缺少謹慎的思考。（Pearson, 2009: 189）泰國人正是如此，他們從來不喜歡思考太多，「你太認真了！」、「別想那麼多！」這些都是經常聽到的泰國用語，顯示出泰國人對生活的態度就是不要思考太多。泰國人對思考抱持存疑的態度，對他們來說，「思考就像跑步，人並不因為兩條腿一直跑，就表示一定會跑到哪個地方。你可能逆風而跑、正在跑步機上跑、或者正在向後跑。」對情人原型來說，思考是不必要的，一切都是聽從內心的直覺與本能，因為思考無法獲得愛情。段義孚對這種不信賴思考的文化下了註解：「快樂的人沒理由思考：他們生活，而不質疑生活。」（Weiner, 2009：249）

泰國人雖然不是太過富裕，也沒有累積太多驚人的文明成就，但他們就是能怡然自得、享受生活。在泰國，人與人之間的關係是親密、開放，而不是冷漠疏離，因為愛，會使我們無法忽視自己內在覺得未被愛的部分，也使我們渴望人與人之間更親密更真誠的聯繫。這也是為什麼泰國一

直是全世界旅遊最興盛的國家之一，因為人們在那裡找到熱情與希望、找到愛的感覺，也可以釋放長久以來被壓抑許久的本能慾望。

從泰國貿易經濟辦事處文化及資訊部主任阿格蘇塔（Nichamon Agra-suta）以「泰國創意」（Creative Thailand）為主題的介紹中，可以看出他如何描述泰國：「以微笑聞名世界的國家」、「好客、善良、以服務他人為出發點」，這些形容都表現出泰國人充滿熱情活力、親切自然的特質。

不管愛是情慾的或浪漫的，是對人、對工作、對公理正義、或對上帝，它都是來自靈魂的召喚，讓我們摒棄淡漠疏離的生活方式，要我們停止嘲諷、重新彼此信賴。在一個缺乏愛與熱情的世界，人與人之間的關係變得疏遠陌生，人們內心不再感受到愛與溫暖，一旦如此，我們就無法再停留在舊日的生活中，因為這樣一來必然使自己失去靈魂。當人們意識到自己的生活死氣沉沉時，心中就會產生許多的羞愧和罪惡感，只要生活稍做改變就能宛若新生。這就是為什麼人要蜜月旅行、要定期出遊，因為要追求愛與本能的釋放，唯有愛與本能，才能讓人感受到生命的力量與存在。

每個人的內心都存在情人原型，都渴望愛與被愛，都充斥著生命的各種慾望與本能。因此隨處可見充滿愛與性的符號，任何暗示將帶來美麗和

圖31　泰國：「小朋友看世界」作品（陳馨予）

性感吸引力的品牌，就是情人品牌。而這些帶有情人原型的品牌形象，常
見於化妝品、珠寶、時尚和旅遊業，例如美國的維吉尼亞州，其形象廣告
充滿了愛與浪漫的想像，更直接了當說出：「這是一個情人的國度」；加
州的廣告則比較含蓄：「我是歡樂的試飛員」，但也表現出生命的活力與
慾望的實現。（Mark & Pearson, 2002: 231）

　　雖然情人原型主要是浪漫的情愛，但各種人類情愛，從父母之愛、朋
友之愛，到柏拉圖式的精神之愛都可以算是情人原型的表現。不管是浪漫
愛情還是友誼之情，情人原型的核心在於覺得自己被愛，因而感到自己的

特別與獨特。而對集體而言，由情人原型所主導的社會或國家形象，是一種溫暖、喜悅、熱情洋溢的關係，更重要的是此原型能夠為人與人之間帶來深層、持久、信賴的親密聯繫。

三、弄臣（愚者）——座右銘：
「如果不能跳舞，我就不要和你一起革命！」

「輕鬆浪漫的喜劇其實是嚴肅正經的文學作品，因為它讓我們先嚐到人生的真理現實。愚者其實比人道主義者更為睿智，而且小丑般的行為不會比神話背後的人性更輕浮。」

（Enid Welsford, 1987）

弄臣（愚者）是許多故事的關鍵靈魂人物，在故事情節中睿智的統治者往往身邊會有一位宮廷愚者或弄臣，其智慧與幽默通常能為整個劇情帶來生命的歡樂以及無比的娛樂效果。搞笑放鬆不只是弄臣的唯一功能，在詼諧逗趣的話語間他還能直言犯上，勸諫統治者傲慢自大的危險，並藉著打破陳規，宣洩被禁止的創見、行為、情感。弄臣（愚者）也反映出內在孩童的一面，它知道如何遊戲與享樂，這個原型是我們的活力來源，它以原始的、孩子般的、自然的、好玩的創造力來表達自己。弄臣不受世俗禮

圖32　墨西哥風景

教約束，它無法無天、目無尊長、不受拘束、目無法紀。（Pearson, 2009:
308）

　　當弄臣的原型支配生活時，我們就會以天生的好奇心來探索世界，創
造單純的快樂；活著只是為了生活本身，不去思考明天，也很少顧慮傳
統、道德、或別人的看法，因為此時追求的是「活在當下，盡情享樂」。

　　弄臣使我們免於無聊，因為它有無限的創意點子和逗人趣味，讓我們
不會陷於生存的絕望，因為忙於享受此刻的生活，所以沒有多餘的精力浪

費在哀傷生命的悲苦。弄臣性格常常會在生命最痛苦時出現，當心愛的人過世、當失戀或失去工作、當對人失去信心時，突然我們發現自己還是會笑，這就是弄臣在提醒我們：縱使在最糟的時刻，生命仍然是美好的。（Pearson, 2009: 310）

弄臣是大智若愚的，它知道人生所要面對的考驗，卻能將生命視為一種恩賜，去學習接受苦樂共存的全部人生。如同安妮・狄勒德（Annie Dillard）在《丁克溪之旅》（*Pilgrim at Tinker Creek*）中所述：「將死的人臨終前的禱告不是『請』而是『謝謝』，就好像客人在門口向主人道謝一般。」（Dillard, 1998）就是這種對生命全體純然的感激和歡喜之情，充滿了愚者的智慧，使我們新生喜悅。

能如此坦然看待死亡的地方並不多，而墨西哥恰是一個例外。曾經獲得諾貝爾文學獎的墨西哥著名作家奧克塔維奧・帕斯（Octavio Paz），這麼形容墨西哥人看待死亡的態度：「對於紐約、巴黎或是倫敦人來說，死亡是他們永遠不會提起的，因為這個詞會灼傷他們的嘴唇。然而墨西哥人卻總是把死亡掛在嘴邊，他們調侃死亡、與死亡同寢、慶祝死亡。死亡是墨西哥人最鍾愛的玩具之一，是墨西哥人永恒的愛。不可否認，在墨西哥人面對死亡的態度裡頭，或許有著與別人一樣的恐懼，但是至少墨西哥人

從不避諱死亡，他們用耐心、輕蔑和調侃的態度直視死亡。」[33]

　　每年的11月1日和2日是墨西哥最重要的傳統節日──亡靈節。亡靈節是墨西哥人緬懷故去親人和朋友的節日，不同於東方清明節慎終追遠的嚴肅傳統，墨西哥人的亡靈節完全沒有凝重和傷感的氣氛，而是充滿了歡樂、歌舞喧鬧。在墨西哥的亡靈節，到處都有化著骷髏臉譜的男男女女在狂舞歡樂，墨西哥人最喜歡以舞會友，充滿熱情與活力。而在亡靈節中到處都有骷髏雕塑，各個祭台裡的骷髏供品大大小小、形形色色，令人眼花撩亂，這些骷髏所表現出來的不是一堆堆死氣沉沉、陰森森的白骨形象，而是跟活人一樣，神態各異，充滿了喜劇色彩。

　　墨西哥亡靈節的文化和歐美萬聖節的意義完全不同，甚至連聯合國教科文組織都於2003年宣佈，以墨西哥為主的中美洲國家的亡靈節為「人類口頭及非物質遺產代表作」，就是為了強調與保存這種墨西哥特有的珍貴文化傳統。墨西哥人這種以狂歡慶祝亡靈節的習俗，從根本上是源自他們對於死亡豁達的態度。在西班牙人來到美洲大陸以前，生活在墨西哥的阿斯特克印第安人並不懼怕死亡，他們認為，人死後會根據各自不同的死亡方式去不同的天堂，死亡不是生命的終點，而是新生活的起點。

　　然而，就在西元十六世紀到十八世紀西班牙人來到美洲後，歐洲的基

督教文化在某種程度上影響了墨西哥人對於死亡這種豁達的態度。因此，在十九世紀末期，墨西哥著名版畫家波沙達（José Guadalupe Posada）用一系列的版畫作品，試圖重新喚起墨西哥民族對於死亡豁達和調侃的態度，也是從這時起，每到亡靈節，報紙、雜誌上就會出現政要和名人的骷髏畫。此後，墨西哥民族珍視文化傳統、追求民族個性的思想，逐步把這種對於死亡的調侃推向極致。

如果我們沒有弄臣原型的特質，就不懂得如何享受人生。弄臣的原型不斷提醒我們要及時行樂，甚至只為了體驗生命中的起伏，對逆境也能甘之如飴。墨西哥人的生活態度正是如此，他們做任何事都非常隨性，總會根據自己當下的心情不斷更改行程與安排，遲到算是家常便飯，與墨西哥人相約晚到個二十至三十分鐘都屬正常範圍。這些率性而為的態度和忙碌的現代社會大不相同，因此若要融入墨西哥的生活，就得保持一顆開放寬容的心胸，欣賞他們無所謂的自在，盡情歌唱跳舞、學會喝龍舌蘭酒、參加各種狂歡派對，不要計畫、秩序、規矩，享受隨時突然降臨的驚喜與歡

---

[33] 資料來源：美洲旅遊網http://am.bytravel.cn/art/ygw/ygwwzmxggwlj/ ，查詢日期2012/5/12。

樂。人生沒有什麼大不了！這就是墨西哥人「活在當下」的弄臣（愚者）智慧。

　　除了坦然的接受生命的全部之外，弄臣（愚者）的特質最能應付現代社會中的荒謬現象，以及官僚制度中的難以捉摸。弄臣的政治理念是無政府主義，最足以代表的是高德曼（Emma Goldman）的革命性思想，就算是革命也從未與渴望自由和玩樂的想法分開，她最著名的口號是：「如果不能跳舞，我就不要和你們一起革命！」（Mark & Pearson, 2002: 253）

　　弄臣的原型包括小丑、魔術師和任何喜歡作弄人或耍花招的人。弄臣與人互動都只是單純地為了享樂而享樂，不同於凡夫俗子和情人原型著重在自我檢視，以求能融入人群或吸引外人。弄臣的順其自然，展現出一種全新的信念——他們能夠真正地做自己的同時，又能受到他人的接納和愛慕，因為願意打破規範，也能因此擁有創新、突破格局的思維。弄臣原型往往能將負面轉變為積極，這是在枯燥乏味、一成不變的規律生活中，帶來希望與快樂的原型泉源。除了墨西哥人對死亡的坦率態度之外，匈牙利也可以作為弄臣原型的另外一個代表國家。

　　本次座談會，匈牙利貿易辦事處代表陶達（Ádám Terták），就是以「生存與創意」（Survival and Creativity）來介紹匈牙利文化發展的歷

程。「生存」（Survival）這個詞反映出匈牙利從古至今艱辛奮鬥的歷史經歷。在歷史上這個國家曾經遭逢三次浩劫：1241年蒙古人的屠殺，1526年莫哈蚩之役土耳其的攻佔，以及1920年《特里亞農條約》造成匈牙利帝國的瓦解。歷經劫難之後，匈牙利人學會在列強中以智取勝。[34] 因此，曾有世界知名學者為匈牙利人下了一個定義：「他們是那種比你晚進入旋轉門，卻比你早鑽出那道門的人。」（周力行，2003: 5）

圖33　匈牙利貿易辦事處代表陶達

---

[34] 匈牙利在一次大戰之後，成為戰敗國，於1920年6月4日與協約國簽訂《特里亞農條約》，國家遭受被瓜分的命運。領土只剩下戰前的四分之一（由22萬8千平方公里減至9萬3千平方公里），人口只有戰前的百分之四十（由2,000萬人減為800餘萬人）。（周力行，2003: 112）

匈牙利人的祖先馬札爾人原先是居住在烏拉山一帶的游牧民族，後來西越喀爾巴阡山定居立國。雖然他們在中歐居住時間超過一千一百年，但在種族上來說，他們有別於周邊其他民族。他們不是斯拉夫人、拉丁人，也不是條頓人，他們的語言近似芬蘭語和愛沙尼亞語。一直到二十世紀的最後十年裡，他們才掙脫了共產主義的桎梏，贏得了1956年「十月革命」以來遲來的勝利。雖然匈牙利人口不到1,000萬人，但他們對人類的歷史與文化確有極大的貢獻。除了在音樂方面有傑出的表現，如李斯特（Ferenc Liszt）、雷哈爾（Ferenc Lehar）、巴爾托克（Bela Bartok）等人膾炙人口的作品之外，匈牙利在科技方面也有相當豐富的成就，例如化油器、直昇機、立體音響、電視、變壓器、發電機、雷射光攝影、原子筆、電話交換機、維他命C、中子彈、魔術方塊、噴射推進力、魚雷、隱形眼鏡等等發明。（周力行，2003: 2）

匈牙利位居於歐洲的中心，邊臨斯洛伐克、奧地利、克羅埃西亞、斯洛維尼亞、烏克蘭、羅馬尼亞、塞爾維亞等七個國家，但匈牙利文卻與周遭國家極大不同。弔詭的是，匈牙利雖然位於歐洲的中心卻又像孤立於歐洲大陸之外，西方世界似乎遺棄了匈牙利，匈牙利人自己也十分清楚，他們背負了沉重的負擔，孤獨地走了一千年，歷代匈牙利的偉人都發出他們

圖34　匈牙利：「小朋友看世界」作品（李羽妍）

內心深處的苦楚，例如匈牙利著名詩人裴多菲（Petofi Sandor），在〈生或死〉（Life or Death）的詩中就稱呼其同胞是「世界上最孤獨的民族」。另一名近代重要的作家拉斯洛（Németh László）就積極走訪匈牙利的鄰邦，他說：「我們生活在這裡，是生命共同體，然而彼此卻不甚了解。此時正是我們相互認識，了解彼此都是接受同一大地哺育的兄弟。」（周力行，2003: 3）

　　匈牙利人雖然經歷了許多苦難，但他們並沒有放棄樂觀開朗的本性，他們知道如何在列強環伺下堅韌生存，即便生活辛苦也不放棄享樂的權利，他們充分享受，懂得品鑑好酒、美女和動聽的歌謠，匈牙利紅酒品種有上萬種，更是世界各大酒類競賽金牌的常勝軍。被英國人嘲諷的暴食豪飲，在匈牙利被視為美德，匈牙利人的待客之道更是無與倫比的熱情。就像弄臣原型所強調的將負面的壓力轉化為積極創造的動力，匈牙利人並不因為被孤立、被侵略、被分裂而自卑自嘆，也不因為種族上的差異而排外自閉。他們位於東西文化衝突的邊界，雖然長期飽受戰爭的侵擾，但他們把邊界當成橋樑而非隔閡，他們懂得吸收不同文化的長處，也能享受與堅持自己文化的特色與內涵，不會一味追求西化或者故步自封。[35] 他們永遠保持開放樂觀、積極創新的心態，所以他們能孕育多變多元的文化空間，

陶達代表也驕傲地指出諾貝爾獎得主匈牙利裔就佔了十五位，而聞名世界、倡導開放社會的投資大師索羅斯（George Soros）也是匈牙利人，他不僅是《富比士》雜誌世界排名第三的慈善家，更成立基金會和中歐大學，對於匈牙利和東歐各國青年的高等商業教育有卓越的貢獻 。[36]

第二節　穩定──立下秩序

「在充滿不確定性的世界中，伊格魯利克人在他們從前輩那裡繼承的規則中找到了安慰。他們說：『我們不知道這些規則是如何制定的，我們也說不出其中的緣由，但是我們遵守它們，並過著無憂無慮的生

---

[35] 儘管匈牙利在歷史上曾先後遭遇不同國家如土耳其、俄羅斯等的統治，匈牙利語言仍能保存下來，匈牙利人能堅持其語言的特殊性，是匈牙利能在國際社會中仍保有創造力的關鍵要素之一。匈牙利的食物也是遠近馳名，例如米布丁、紅燒牛肉、紅椒粉、甜酒等都是匈牙利的文化產物。

[36] 估計其擁有的140億美金資產中，大約有65億多投入在慈善事業中，其不單只是贊助金錢，也投身參與計畫，例如在中歐改制之前，設立許多的基金會，其中索羅斯基金會即是協助具有理財天賦的匈牙利學生至國外深造。1991年後，設立了中歐大學，當時是為了從東歐來的人士而設置，至今為約有1,000位碩士與博士生的大學。索羅斯當初大約花費了2,300萬美金，然而之後由於費用的不足，索羅斯表示願意再投入約1,700百萬美金的經費，顯現出其積極支助的態度。

活。』」

（段義孚，2006: 154）

　　人們面對現代生活的快速步調與變化萬千，所感受到的是強烈的無力感與不確定性，每一個人每天時時刻刻都要應付各種突發的新狀況，這些意外與變動挑戰人們內心深層對穩定與控制的慾望。人生越是不安定、不確定，人們越渴望穩定與秩序，早期的村落城牆、護城河圍繞著城堡、萬里長城的屏護，都是為了能維持秩序，防範外人與不同族群的入侵，因為面對自然的無常與現實的多變，人需要一些秩序與穩定作為安全感的來源，正如梅鐸（Iris Murdoch）所說：「未熨平的手帕可能會讓人發瘋。」（Murdoch, 1975: 45）社會必須要維持一定的秩序，否則人們會陷入歇斯底里的失序混亂狀態。人類學家李維－史陀也指出，「在世界令人迷惑的複雜性面前，人類是蒼白無力的。」因此他透過簡化的結構主義原則，來剖析社會生活中無序的龐雜經驗事實。城市的出現也是一種渴望穩定和諧的表現，如段義孚在《恐懼》一書中提到：「城市最早和最本質的功能就是充當宇宙秩序的鮮明符號：因此，它簡單的幾何形狀城牆和街道結構往往是指向正方位，或是巍峨的山脈。與這種追求物理完美的願望相一致的，是追求社會穩定與和諧的渴望。」（段義孚，2008: 264）

　　追求秩序與穩定是人類內心重要的慾望與動機，此種心態反映在三個原型上，分別是：照顧者、創造者、統治者。這三者都會在看似穩定的環境中得到滿足，照顧者對人性有深刻的認知理解，他們比較不關心自己，總是致力於解決別人的問題、關心別人的需求，努力嘗試讓別人覺得安全有保障、受呵護。創造者則從創作過程中發揮了控制力，透過創作他們滿足了控制的慾望，也實現了藝術的成就，為世界帶來更多美的事物與享受。統治者則是要掌控情勢，特別是面對混亂失序的狀態，他們的工作是負起責任，讓人生盡量可以預期、安穩。通常統治者會制訂規則、政策、風俗與習慣，以強化秩序與可預期性。

　　這三種原型在城市與國家論述中普遍常見，因為城市與國家的基本功能之一，就是提供一個集體認同與歸屬的對象，幾乎在每個國家論述中都可以看到這三種穩定原型的角色與特質。即便如此，各個國家或城鄉論述所強調的角色原型還是有所差異，以下分別舉例說明這三種原型的特色與論述特質。

一、照顧者——座右銘：「愛鄰如己。」

　　「芬蘭教育體制真心把每個別人家的孩子，都珍視為自己的寶貝，

圖35　芬蘭赫爾辛基火車站

去拉拔撫育、用心灌溉、給予時間、空間，找到人性中善良的一面，協助鼓勵養成學習動力，從不刻意強調菁英、資優、競爭、比較，從不要求學生和老師具備超人能耐，從不獎勵全勤與整齊劃一，而將人人視為有著喜怒哀樂的平凡人性，然後從人性的根本上，去尋思如何陪著他們健康、正常的走完成長中的教育，如此而已。」

（陳之華，2008: 10）

　　2012年4月聯合國與哥倫比亞大學地球研究所共同發佈全球幸福報告（World Happiness Report）[37]，根據這份報告結果指出，世界上最幸福的

國家大多在北歐：丹麥、芬蘭、挪威就包辦了前三名，瑞典名列第七。北歐人民幸福的主要原因不是因為財富，雖然北歐國家都稱得上是富裕的工業國家，生活水準也比較高，但北歐最為人津津樂道的是它們完善的社會福利體制。

提到福利國家，第一個想到的就是北歐，北歐福利制度是普遍主義的全民社會保障模式，提供的社會福利保障包括教育、居住、醫療保險和婦幼保健、養老金、失業救濟金、職業事故保險等領域，包含了人生的所有面向與不同生命階段，可稱為「從搖籃到墳墓」全面性涵蓋各種社會風險的保障。「在你出生之前助產士就已經隨時待命；在你呱呱墜地後，保健護士會親自上門拜訪關心；一旦爸爸媽媽重返勞動力市場，專業的幼教人員就會接手照顧；學校的牙醫會從你三歲開始提供長達十二～十五年的服務；教師會指導你完成小學和中學的課程；護士和醫生為你提供免費的醫療服務；當你失去自理能力，家政工人會上門提供清掃、購物和個人護理

---

37 報告提出了一套國家幸福指數（Bhutan's GNH Index）體系作為測量評估全世界各國國民幸福程度的指標，其中包括穩定的經濟收入、良好的人際關係、高就業率和高品質的工作、相互信任和尊敬的社會生活、身心健康、供養家庭、良好的教育等等。

圖36　丹麥風景

等服務；如果你需要也可以去養老院居住。」（郭靈鳳，2012）以丹麥為例，丹麥政府將稅收40％都用於社會福利，其中13％用於教育和科學研究，所有公立學校都是免費的。北歐福利國家對婦女的保障更多，如挪威學者海爾伽·海納斯指出，「生育走向公共領域」的發展趨勢是對婦女友好政策的關鍵。職業婦女可以獲得公立日托幼稚園的幫助，允許請假照顧生病的小孩。到2000年，丹麥有90％的三～五歲兒童在日托中心，幾乎沒有專門在家照顧小孩的家庭主婦。1992年，挪威國家保險體系開始承認看

護照顧七歲以下的兒童、老人、病人和生活上有所困難者等不支薪的看護工作等同於雇庸勞動，並且讓許多從未進入勞動市場的婦女追加養老金。

北歐作為福利國家的典範，也是理想中的照顧者，國家社會取代了家庭的功能，化身國民的完美父母，擔負起照顧人民一輩子的責任，沒有什麼比這種承諾能賦予個人最大的安全感。照顧者不是透過權力與武力來馴服被照顧者，而是透過無止盡的關愛與照料，讓被照顧者產生歸屬、被重視的感覺，透過兩者之間的平等互動、認同歸屬與情感交流，凝聚了一個共同的團體。以北歐福利國家來說，這個團體就是國家，人民對國家的認同不是因為國家握有權力，而是一種更平等互惠的關係，是因為國家帶給人民無比安全和諧的環境，每個人民都能自由自在的生活、無憂無慮的成長。

照顧者不同於統治者，照顧者的原型是父母保護子女的情感，他們願意盡一切力量照顧子女，即使有所犧牲也在所不惜。照顧者也是利他主義者，是由熱情、慷慨和助人的欲望所推動，照顧者的生命意義在於施予與付出，因此，在北歐國家的人民能感受到充分的安全感與幸福，他們的生命意義不在於競爭而是平等、分享與合作。在瑞典，有一句眾所皆知的諺語：「不要以為自己比別人好、比別人聰明、比別人重要、比別人知道得

多。」在丹麥，這個被稱為「洋特法則」（Jante Law）的無形規範，同樣人人耳熟能詳，所謂的「洋特法則」是北歐福利國家的重要社會基石，強調團隊精神，貶抑個人英雄主義，因為個人主義的過度膨脹會破壞整體社會的團結與安定。（李唐峰，2010）

北歐國家對人民無微不至的照顧建立在政治民主與人權自由的基礎上，不同於共產主義社會建立在集體權力與壓迫上。在瑞典，沒有人會像北韓人民說出「我們最幸福」的官方制式口號，相反地，瑞典人對生活的態度是相當謙虛謹慎並節制的。北歐人民對於國家的認同是發自內心，國家與人民之間彼此信賴、以集體共同利益為主要社會發展目標，因此，北歐政府相當清廉，人民也不濫用良好的社會福利，不會平白浪費社會資源。以照顧者原型為主導社會發展的動力，會創建一個更公平與和諧穩定的社會，並能形成猶如大型家庭的社會國家。

在高賦稅與高福利的社會體制下，北歐人享受從搖籃到墳墓的社會高度保障，在北歐不僅有丹麥安徒生的童話故事，也有久遠之前維京人留下的神話故事。祖先流傳下來的神話傳頌著民族堅毅勇敢的性格，然而，北歐有大半國土地處嚴酷惡劣的氣候圈中，受到地理環境的影響，北歐神話往往帶有悲劇性的色彩。神話中的勇士儘管能憑藉過人的勇氣與智慧和殘

圖37　丹麥：「小朋友看世界」作品（張祖齊）

酷的命運進行最後的搏鬥，但美好的結局往往是建立在犧牲上，例如作為亞薩神族中的統治者，奧丁為了飲下一口智慧泉中的池水，永遠失去了自己的左眼；為了得到象徵統治權力的神矛，被吊在世界樹上長達七天七夜之久。這些古老的北歐神話所傳頌的，也是一種透過犧牲付出而達成的偉大。

　　照顧者原型的神話故事，象徵由照顧給予的特質到犧牲奉獻的轉變。首先，我們感受到自己被愛、被照顧，然後才是學習分擔活在世界上的責

任，不光是由他人處得到照顧，而是自己也變成照顧者，學會照顧他人與對他人付出。北歐福利國家也是如此，北歐國民從一出生就能享用國家的付出與照顧，等到長大成人後也成為貢獻國家的力量之一。北歐的高福利與高賦稅不是冷硬的制度性安排，而是一種懂得接受感恩並且轉而付出犧牲的高尚情感，因此，即便在高賦稅的壓力下，北歐人還是願意遵循這樣的生活方式。

除了北歐，澳洲也是另外一個由照顧者原型主導的社會，座談會中邀請到澳大利亞商工辦事處教育處處長孟克培（Nicholas McKay）以「創意澳洲」（Creative Australia）為題介紹澳洲的文化與創意，他在會中強調「得過且過」（making do with less）的特色，凸顯出澳洲本身雖然地處偏遠、自然資源有限等劣勢的地理條件與環境因素，但還是很努力在適應環境與開創未來。澳洲擁有特殊的地理位置與歷史背景，使得澳洲政府特別致力於提供文化產業發展的空間與能量。

孟克培處長一開始就以幽默的口吻為大家簡介澳洲的基本資料，澳洲人口大略和台灣相當，有2,200多萬人，當中從事創意行業者大約有50萬人。澳洲和台灣一樣是島國，不過澳洲所佔據的島嶼是世界最大的島嶼，澳洲也是世界面積第六大的國家。澳洲是一個穩定、多元文化、具有高技

圖38　澳大利亞商工辦事處孟克培處長

術勞動力與強而有力的經濟競爭力的民主社會，澳洲人的生活品質也是世界最高之一。然而，孟克培處長沒有提到的是澳洲的歷史和台灣也有相似之處，兩者同樣經歷了漫長的被殖民歲月，澳洲是從十八世紀成為英國正式的殖民地，甚至在1829年英國還將西澳設定為囚犯的流放地。從此很長一段時間，澳洲成為英國罪犯的流放地。這段被殖民的經驗成為澳洲民族主義、民族意識與政策發展的重要根源。

　　「一個民族的心理狀態與思維方式構成了該民族文化型態中的一個重要部分。……澳洲文化中的民族心態要追溯到1788年的英國罪犯流放制度。這一歷史事實構成澳大利亞民族的『創世記』，也就是該民族的起源。正是根植於英國深厚的淵源關係，對英國故鄉的思念和渴望一直是澳大利亞的『母國情結』的核心。……流放犯的歷史被融入到澳洲這個民族的集體心理之中，因此，一種民族自卑情結就由此而生。」（王茜，2011）

在二十世紀六〇年代，隨著大英帝國的解體，澳洲逐漸取得獨立的地位，從此建構具有澳洲特色的國家認同成為政府許多政策的發展主軸，受到文化民族主義的影響，澳洲政府不斷向大眾強調自己發展與保護澳洲本土文化的立場與決心。（Rachel Parker and Oleg Parenta, 2008）這種立場即使面對八〇年代之後世界興起的自由主義浪潮也沒有動搖，甚至在2001年7月加入世貿組織

圖39　會場佈置「澳大利亞」區

時，澳洲政府也在入會條款中堅持了自己保護本土文化的立場：「澳大利亞有權制訂傳媒規範來保護本土文化，並有權引進最新的傳媒手段來實行自己的文化政策。」（Parker and Parenta, 2008）因為澳洲一直堅持發展本土文化產業，不以市場取向為發展核心，澳洲文化產業的發展一直是由

政府出資支持，這樣能免於國際市場競爭的壓力，專注於發展民族主義的文化產業。

　　另外，澳洲政府在1994年推行第一個國家文化發展戰略，極力推廣創意產業概念，把創意產業發展作為一項國家戰略，澳洲創意產業總值約佔GDP的3.5％～4.5％，從事創意產業的人口約佔6％。澳洲創意產業的發展有幾個特點：一、透過稅制獎勵或者減稅機制扶助相關創意產業發展[38]；二、推廣旅遊業，促進產業合作；三、扶植文化創意研究機構，澳洲政府成立專門創意產業研究中心，以財政與政策支持帶動民間資本進入，實現技術創新與市場創新。（天津文化創意產業課題組，2012）

　　孟克培針對澳洲國內的六類文化創意產業進行說明，由於孟克培曾經在政大語言中心受過四年的中文訓練，對台灣的文化與發展現況已經有相當程度的了解。因此，在說明過程中能適時輔以澳洲與台灣的發展比較，凸顯兩個國家的相異與相似之處。澳洲的六大創意產業分別為建築、設計與視覺藝術（Architecture, Design and Visual Arts），電影、廣播與電視

---

[38] 包括對以澳洲作為拍攝外景的影視產業減收15％的稅額，增加澳洲與其他國家的競爭力；
　　凡超過500萬美元的數位視聽產品製作，減少15％的稅額等減稅措施。

（Film, Radio and Television），創意軟體運用（Creative Software Applications），音樂與表演藝術（Music and Performing Arts），寫作與出版（Writing and Publishing），廣告與行銷（Advertising and Marketing）等六大項。先看建築、設計與視覺藝術類，在視覺藝術上的表現，澳洲有各種形態表現的藝術家，例如相當有名的帕洛克（Jackson Pollock）的《青色柱子》（*Blue Poles*）等。孟克培特別強調近年來澳洲政府很積極地為原住民同胞推廣他們的文化，那是澳洲相當重要的一部分，例如在2012年台北市立當代藝術中心展出的《魔境——澳洲當代新藝術展》，就包含許多澳洲原住民藝術家的作品。在建築方面，澳洲也有全球知名的建築設計，例如北京奧運的水立方國家游泳館，即是出自澳洲建築師的傑出作品。

在電影、廣播與電視方面：澳洲政府從學校體制開始培養相關的影視人才，訓練出很多優秀的年輕演員與相關影視工作者，許多創意作品，例如影集《越獄風雲》就是年輕一代的創意成就。目前澳洲電影在全球也頗具有影響力。[39] 至今，澳洲製片人和導演以其獨特風格為自己在全球電影業贏得了無可爭辯的地位，並且也對好萊塢的發展產生相當程度的影響，澳洲旅美電影人在好萊塢因此被稱為「桉樹葉幫」，包括現今活躍於好萊

塢的多位製片人、導演和演員。

而創意軟體的發展，澳洲的軟體產業積極地和大學教育有產學合作的關係，希望可以讓新一輩的創意不斷為澳洲注入活力。澳洲政府在這方面也相當努力，目前澳洲有九十間以上和遊戲發展相關的公司，也發明出許多知名的遊戲，例如像是「星球大戰——人力釋放」（Star Wars: the Force Unleashed）。這些創意軟體主要是與大學合作產出的成果，目前相關產業也持續尋找更多的創意人才進行交流合作。這些創意產業，都受到澳洲聯邦政府的大力支持，無論是透過公益彩券收益分配的補助金、或是減免稅務，都是澳洲政府對創意產業發展的正向鼓勵。

除此之外，澳洲也積極發展音樂與表演藝術，音樂是文創產業的重要領域，澳洲的音樂人才，例如鄉村音樂歌手齊斯・艾本（Keith Urban）

---

[39] 第二次世界大戰前，澳洲即開始製作電影，其中不乏優秀的作品。二戰後的澳洲電影業處於停頓狀態，直至1970年代，工黨領袖惠特蘭（Gough Whitlam）為首的執政黨政府設立澳洲電影發展公司，後更名為澳洲電影委員會（AFC）。電影委員會設立了政府自己的電影製片機構——澳洲電影局，拍攝大量的電影，成為澳洲史上第一輪的電影製作熱，報紙專欄作家和廣告業巨頭菲利普・亞當斯（Philippe Adams）是當時積極參與電影熱的名人之一。（資料來源：維基百科「澳洲」）

等，目前尚有許多具有潛力與創意的歌手有待推展到國外；在歌劇方面，澳洲有多位世界級歌劇演員，著名歌唱家包括1880年代的女高音內莉・梅爾巴（Dame Nellie Melba）和1950年代至1980年代的瓊・蘇莎蘭（Dame Jone Sutherland），著名男中音如約翰・布朗利（John Bvrownlee）和彼得・道森（Peter Dawson）；歌劇創作以瑪格麗特・薩瑟蘭（Margaret Sutherland）最傑出，她創作許多經典的音樂曲目。葛人傑（Percy Aldridge Grainger, 1907）創作的歌劇《鄉村花園》，於第二次世界大戰之後聞名世界。二十世紀下半葉有著名作曲家斯克爾索普（Peter Joshua Sculthorpe）等。著名指揮大師波寧（Richard Bonynge）是澳洲最具代表性的音樂人之一，多次為帕華洛帝（Luciano Pavarotti）和世界知名芭蕾舞劇團錄製唱片。此外，鋼琴大師艾琳・喬伊恩（Elieen Joyce）和古典吉他手約翰・威廉斯（John Williams）亦為世界知名的澳洲音樂家。在流行音樂方面，澳洲流行音樂有眾多的國際知名樂團，如Bee Gees結合抒情和搖滾發揮到極致，創作多首膾炙人口的歌曲，廣受全世界歡迎。同期的還有輕鬆節拍、電波鳥人樂團、You Am I樂團、新浪潮、工作的人們、狼母、午夜的油、小河樂團、AC/DC樂團、猶豫的哀傷、Bjorn Again、空中補給樂團（Air Supply）和野人花園。重量級的流行樂歌手則有凱莉・米洛

（Kylie Ann Minogue）、奧莉薇亞・紐頓強（Olivia Newton-John）[40]。

關於出版等文創產業，澳洲墨爾本是聯合國教科文組織指定的文學之都，這裡誕生不少小說家，也有很多作品被翻拍成電影，像是彼德・凱瑞（Peter Carey）的《亡命天涯》（*His Illegal Self*）、《小子要自強》（*The Power of One*）等。澳洲文學在國際上具有一定成就，本土文學創作亦受國際矚目，例如早期馬庫斯・克拉克（Marcus Clarke）於1874年創作《無期徒刑》。十九世紀晚期，澳洲的叢林詩人為尋求更多自己的「澳洲化」歸屬感，而與英國傳統文化決裂。[41] 派屈克・懷特（Patrick Victor Martindale White）是澳洲文學巨匠之一，1973年他以《風暴之眼》（*The Eye of the Storm*）獲得諾貝爾文學獎，是澳洲人首獲此獎者。當今澳洲文學巨匠是來自西澳州的提姆・溫頓（Tim Winton）、彼德・凱瑞與布萊思・寇特內（Bryce Countenay），他們主要作品包括：《雲街》、《乘客》、《塵土音樂》、《奧斯卡和陸辛達》、《凱利幫的真實故事》、《一個人

---

[40] 資料來源：澳洲教育網 http://www.aea.org.hk/澳洲文化.html，查詢日期2012/6/3。

[41] 小說自二十世紀1920年代起，在世界文學界中越發重要，澳洲亦如此。此一階段的優秀澳洲文學作品有《庫納爾杜》、《卡布里康尼亞》和《可憐的傢伙，我的故鄉》。

的權勢》、《愚人節》、《托摩和霍克》、《傑西卡》。另外還有托馬斯‧肯尼利（Thomas Keneally），他是近代澳洲為世界文壇貢獻的最優秀文學作家之一。他曾是牧師，主要作品有《雲雀和英雄》、《鐵匠吉米的贊歌》、《辛德勒的方舟》，其大部分作品都已拍成電影，包括著名的《辛德勒的名單》（1993年）。最後是廣告與行銷部分，孟克培處長表示許多澳洲產業以積極勇敢的態度，去處理一些社會上較為敏感及重要的議題。

澳洲，因為地理位置與歷史因素的影響，使得政府至今仍極力恢復並提倡原住民的文化。面對過去歷史的錯誤，澳洲政府選擇道歉與認錯，並努力的彌補錯誤，為重新建立凝聚一個新的民族認同而奮鬥。[42] 因為有所欠缺，所以更加努力；因為有所遺憾，所以更加珍惜；因為獨立的政府得來不易，所以對人民有更多的責任與義務；也因為在國際市場壓力下堅持自己文化特色的道路更加崎嶇，所以澳洲政府付出更多的資源與力量來呵護自己文化的成長茁壯。不同於北歐福利國家提供完善的社會保險體系的照顧者形象，澳洲是另外一種兼具教育者的照顧原型，從旁盡心盡力地扶助自己文化產業的發展，投入更多教育資源，奠定未來創意產業發展的根基。澳洲人的心理都有一道歷史留下的傷痕，許多澳洲人身上流著被流放者後裔的血液與仇恨，他們的認同在英國與原住民之間搖擺，澳洲政府需

要更多的心力與時間來撫平人們心中這道共同的傷痛，他們的創意成就來自於正視過去的歷史、承擔起更多的責任、不斷努力的重建與補償。也因為如此無私充足的關愛，讓澳洲多元種族文化可以和諧共存；因為敢於承擔勇於負責，讓過去的傷痛能夠獲得和解與宣洩，化成共同的記憶與認同力量。過去被殖民的歷史經驗，讓澳洲人對母國有矛盾複雜的情感，因此，在獨立的過程中，澳洲政府要付出更多的努力以取代過去人們對母國的情感投射與想像，現在的母國是屬於自己的，不是外來壓迫的殖民者，是由內而生、是血脈相連的共同體，是一位對人民全心全力、關愛備極的照顧者。

　　這種經驗足以讓同樣具有被殖民歷史的台灣借鏡，唯有面對自己的過去，妥善地處理集體的歷史傷痕，勇於承認錯誤、負起責任，才能建構集體認同。

---

42 「『被偷走的一代』是澳洲歷史上一群充滿悲劇色彩的人，是二十世紀初澳洲政府推行『白澳政策』的犧牲品。」1910年，澳洲白人政府通過立法將原住民後代中具有白人血統的兒童從父母身邊搶走，進行隔離教育，聲稱這樣能使他們更好地融入白人社會。從1910年代到1970年代，全澳洲大約有將近10萬名原住民的兒童被政府強行帶走，這些人後來被稱為「被偷走的一代」。（Parker and Parenta, 2008）

二、創造者——座右銘：「想像得到的，都能創造出來。」

「創造者不談融入，而是自我表達。真正的創造需要無拘無束的心靈和頭腦。……偉大的藝術和改變社會的發明，基本上都是源自於某人內心深處的靈魂，或是奔放的好奇心。藝術家基本上都自認為在創造未來世界。」

（Mark & Pearson, 2002: 289）

創造者原型最常見於藝術家、作家、發明家和創業家，以及任何積極探索人類想像力的人。創造者的熱情是以物質的形式自我表達，任何領域的創造者都拒絕依循慣例，而是傾向探索自己獨特的能力，想出不一樣的方法。在藝術上，可能會想到喬治亞‧歐姬芙（Georgia O'Keeffe）或畢卡索（Pablo Picasso）；在電影上，會想起《阿瑪迪斯》探索莫札特（Wolfgang Amadeus Mozart）的怪誕行為，以及他的天才。

偉大的藝術和改變社會的發明都源自於某人內心深處的靈魂，或是奔放的好奇心。基本上藝術家都自認為在創造未來世界，居創造者原型高層次的人，認為自己渴望自由，這和天真者、探險家和智者一樣，但創造者更深層的動機是發揮美學或藝術控制的需求——從這個角度來看，就是扮演上帝，要創造過去所沒有的東西。創造者最深切的渴望是以特殊方式完

成藝術品，讓它能萬古流芳，並也讓創造者達成了某種不朽的存在。

　　西班牙就是一個包容與孕育許多創新藝術文化之國度，尤其以巴塞隆納這個城市更為顯著。西班牙商務辦事處祕書長羅德瑞（Andrés Rodes）就指出，西班牙蓬勃的觀光產業算得上是歐洲第二、全世界第三大的旅遊勝地，這不只歸功於政府從1960年代以來就有策略的推動觀光產業，更重要的是西班牙各城市各自具有風華萬千的樣貌與城市特色，例如：西班牙南部大城塞維亞（Seville）是金融重鎮更是文化藝術之都，而成為許多觀光客造訪之地；陽光海岸（Costa del Sol）不只有美麗的海岸線，由於一年有三百天以上的時間都是陽光普照，成為歐洲人，特別是德國人，熱愛的度假勝地；在西班牙北部從加利西亞沿線到巴斯克區一帶（Galicia – Asturias – Cantabria – Basque Country），則可見到波瀾壯闊的山脈與田園景色；馬德里與巴塞隆納是舉世聞名的兩大城市，每年觀光客絡繹不絕，巴塞隆納更是現代建築與藝術史上的主要人物高第（Antoni Gaudí i Cornet）、米羅（Joan Miró）、達利（Salvador Dalí）的故鄉，其中高第風格獨具的建築已成為該城市的文化地標。在各具特色的城市以外，西班牙豐碩的文化遺產也令人稱羨，根據聯合國教科文組織的紀錄，西班牙目前擁有的世界遺產數目高居世界第二，並有十三個城市被遴選為世界遺產

圖40　西班牙：「小朋友看世界」作品（陳翊維）

之都；此外，歷史悠久的傳統活動（如鬥牛）與節慶（Fiesta），以及享譽國際聲名的美食藝術，也為西班牙倍增迷人光彩。

　　眾多城市中又以巴塞隆納最足以代表創造者的特色。巴塞隆納可說是一座由高第這個藝術家所打造的魔幻之城。高第就是巴塞隆納這座城市觀光的靈魂！整個巴塞隆納的著名景點幾乎都是圍繞著高第的建築或相關作品，其中最著名也最令人津津樂道的就是「聖家堂」（Sagrada Familia），聖家堂是彙集了雄偉震撼、巧妙精細、古怪滑稽、繽紛華麗於一身的神奇

圖41　西班牙風景

建築，甚至有一說以「上帝的建築」來稱讚這座堪稱高第畢生的代表作。

　　這座教堂蓋了一百年至今尚未完工，整體的設計以大自然的萬物做為創作靈感，高第曾經說過：「直線屬於人類，而曲線歸於上帝。」他觀察大自然裡沒有任何一條直線，因此，他的創作中也從不使用硬梆梆的直線與平面，而是以各種柔和、動感的曲線，包括螺旋狀、錐形、雙曲線、拋物線等變化組合而成。但這種設計方式也增加了建築力學上的困難，使得完工日期遙遙無期，保守預計還要到2020年才能完成，這也是世界唯一一

　　高第設計理念主要來自蒙塞拉特（Montserrat）聖石山，這座教堂真正完成之後將有十八根高塔、三座立面，中央最高170米高塔象徵耶穌基督、中央高塔周圍圍繞四座130米代表四位福音傳道者的大塔樓，北面有一座後塔高140米象徵聖母瑪利亞，其餘分別置於各立面共有十二座塔代表耶穌的十二門徒，各有100米高。　三個立面，分別為東側的「誕生立面」（Facana del Naixement），細訴基督的誕生和幼年；西側的「復活立面」（Facana de la Passio），描述耶穌受難和死亡；南側的「榮耀立面」（Facana de la Gloria），包含死亡、審判、地獄及最後的榮光，也將是聖家堂最大、最豪華的立面和正門所在。東側描述基督降生的「誕生立面」出自高第之手，連同北面後龕的牆壁於1912年完成。高第以東側做為「誕生立面」有其涵義：取自每日早晨由東方升起的太陽照耀著「誕生立面」，代表著生生不息的奇蹟，其中一扇門兩旁各有一隻海龜，借用東方海龜象徵著長壽之義，耶穌永生。高第用各種大自然的動植物做為建築的裝飾，高塔看似由一根根樹幹交錯發展而成，上方並有用各種水果做成的裝飾，相當可愛精美，將大自然融合在壯碩的人造建築中更顯壯麗與精細，也揭示了人對於自然的崇敬與謙卑。

　　西方社會經歷了十五世紀的文藝復興、十六世紀宗教革命、十七世紀科學革命、十八世紀工業革命，一路走來逐漸從神權禁錮中解放出來，人的力量壯大後，人所形成的社會力量取代了一切，因此開始對自然不再尊敬、對神祇也日漸漠視。高第所處的時代正值西方社會工業化的初期，巴塞隆納這個城市正處於轉型時期，對於大自然元素的追求與組合，也透露出高第在工業化社會中制式化發展的背離與超越。

　　除了高第之外，巴塞隆納也出了另外兩位著名的藝術家，達利和米羅都是以超現實主義的作品聞名世界。達利是一位具有非凡才能和想像力的藝術家，他以卓越的繪圖技術巧妙將怪異夢境般的形象躍然展現在畫布上，並融合了文藝復興時期的繪畫技巧。達利以夢境、潛意識交雜現實為根源的創作，創造出一種介於現實與臆想、具體與抽象之間如真似幻的「超現實境界」，因而被歸類為超現實畫派的一員。

---

43 這座聖家堂原本是設計奉獻給勞動者的守護神聖約瑟夫的紀念堂，1882年在巴塞隆納都市計畫區的東北邊開始興建，主要是以新哥德式風格設計。隔年才由高第接手，高第生命後四十年的歲月都投注在該教堂的工程上。（資料來源：http://lichingwang-barcelonaguide.blogspot.tw/2008/03/san-jos-templo-expiatorio-de-la-sagrada.html，查詢日期：2012/5/24）

米羅是二十世紀繪畫大師，超現實主義繪畫的偉大天才之一。米羅藝術的卓越之處，在於其作品帶領觀者進入一個幽默生動的幻想世界。作品中的有機物和野獸，甚至是無生命的物體，都存有一種熱情的活力，雖然是超現實卻又比我們日常所見的一切真實更能觸達人們內心中最深刻的情感與悸動。[44]

圖42　米羅設計，西班牙觀光符號

　　上圖的圖案就是由米羅所設計，用在推展西班牙觀光的符號；這個圖案是一個「太陽」的概念，強調西班牙擁有充滿溫暖陽光的美麗海岸，這對於許多歐洲人來說是相當具有吸引力的。然而，為了拓展亞洲市場，這個策略必須有所變動，更著重如何提供遊客獨特的西班牙旅遊經驗與感受。據此，西班牙開始在不同推廣地根據不同目的使用不同LOGO，例如對歐洲市場主打「陽光」，而對亞洲市場則強調「快樂」的體驗。換言之，西班牙的觀光產業政策保持著一種靈活的、動態的視野，能夠與時俱

進、根據市場趨勢的變動來進行規劃。

西班牙孕育了許多偉大的藝術天才，這些人堪稱創造世界文化的藝術家，創作者透過各種方式掌握人類內心的意識與感動，以令人驚嘆的藝術表現形式，將這些情緒與悸動昇華為永久珍貴的藝術品或者偉大的建築。就像高第親手打造的魔幻之城──巴塞隆納，這座城市到處都是高第的創作與足跡，這裡沒有工業城市的沉重與繁忙，只有魔幻的童真與無處不在的自然奧祕，一個崇尚自然、嚮往以自然界的定律來打造建築的創造者，高第的建築也成為這座城市歷久不衰、充滿神奇魅力的傳奇故事。

三、統治者──座右銘：「權力不是一切，而是唯一。」

「如果你真正了解他們，你會在他們知道自己要什麼之前就知道他們要什麼。偉大的統治者品牌非常了解自己的人民，因此能預期到他們

---

44 米羅非常多產，畫風始終如一而又多樣變化，以致想要一般性地追述一下都十分困難。早期作品受塞尚（Paul Cézanne）、梵谷（Vincent van Gogh）和畢卡索及野獸派畫家的影響，作品或帶有極為精雅的色彩和線條的運動，或具有立體主義的作風。在1920年代中期，他在他的新天地中，探索了非常困難的一些方面，從《哈里昆的狂歡》的複雜性，到《犬吠月》和《人投鳥一石子》這類作品非常有魅力的單純性。（參考資料來源：維基百科，http://zh.wikipedia.org/wiki/%E8%83%A1%E5%AE%89%C2%B7%E7%B1%B3%E7%BE%85）

最深切的需求。了解原型，是一個有力的工具，能協助你穿透表面，找到看不見的，逐漸浮現的需求。」

（Mark & Pearson, 2002: 328）

統治者是最重要穩定秩序的原型，對個人內心而言，統治者是取得自我平衡和諧的主要力量，當一個人由統治者原型主導時，他們會樂於擔任領導者角色，盡可能掌握權力與控制；對一個集體來說，統治者是讓集體有秩序、規律、正常運作的主要關鍵。然而，有經驗的統治者知道，取得最大控制權是避免集體失序、陷入混亂的最好方法。統治者如果能讓集體穩定、和諧發展，以及能擬定適當的策略與政策讓組織活動有效率，這會帶來一種自我主導和對世界的權力感，這種感覺令人非常滿足；但如果無法掌握權力、穩定集體秩序，會讓統治者感到相當挫折，最糟糕的情況是社會失去安定、陷入混亂。

統治者是掌握權力、控制全局的人，他們有意願也有能力負擔起所有責任。他們和照顧者一樣，願意為社會整體福祉努力，不同之處在於統治者與被統治的權力關係並不平等，統治者認為自己有能力判斷什麼是最好、最正確的決策，不需要獲得被統治者的同意或贊成，他們自認比被統治者了解需要什麼。權力是達成整體利益的必要手段，但權力本身往往具

有巨大的誘惑，常會讓統治者捨本逐末陷入權力競逐的遊戲。

　　當然，統治者和國家認同與愛國情操息息相關。當統治者具有領袖魅力與能力，能給予人民強烈的安全感與穩定，那這些人民就會熱愛國家，為自己的傳統感到驕傲，不論在理性或情感層面，人民都願意遵守現有的社會規範與文化傳統，是穩定現狀秩序的主要力量。相對地，如果統治者不具備照顧人民的能力，也無法帶給人民認同與穩定，這樣一來人民很難發自內心愛國，也難以安於現狀，這時社會中便會瀰漫著一股祈求改變的力量，現存的秩序變得岌岌可危，變動與革命可能一觸即發。因此，統治者既是帶來安定與秩序的重要力量，也可能是激發革命與變動的主要原因。

　　對於自己國家文化政策的描述方式，最符合統治者原型的國家代表是法國。雖然每個國家或多或少都帶有統治者原型的特質，但在這次研討會中沒有一個國家代表像法國駐台代表，如此強調自己國家的政策與權力影響，從中可以清楚看見統治者原型所主導的國家思維與人民看待自己國家的方式。

　　和照顧者一樣，統治者也相當具有責任感，法國和北歐各國一樣，都是強調完善的社會福利國家，法國政府提供法國國民無微不至的照顧，從

圖43　法國羅浮宮

出生、教育、醫療到老年退休，都有一套嚴謹完備的社會福利政策，以生育補助為例，法國每一個孕婦在產前一個月可領到800歐元生育補助，職業婦女有十六週產假，小孩出生後，第一胎每月可領500歐元，如果有三個小孩，政府還提供交通、購物優惠。另外政府也提供完善的托兒制度，讓職業婦女能安心兼顧工作和家庭。不只兒童，法國的失業者也能得到良好照顧。五十歲以下，失業者可領二年的失業津貼，五十歲以上則可領三年，津貼依照原來薪資的40％到75％，每個月最高不能領超過12,124歐元。（黃漢華，2012）

　　除了整體社會福利制度上提供國民相當穩定的保障，法國政府的統治者性格也反應在文化產業上，法國政府針對文化產業擬定相當多的政策補

圖44　法國代表＋戴立倩＋黃名振

助與推廣計畫。從這次研討會所邀請到代表法國在台的文化工作者戴立倩（Elisabeth Develay）與黃名振（Loïc Wong）所講述法國文化經濟的創意政策，就可看出法國政府高度主導性下的統治者原型。

　　首先，他們解釋了「政策」（politique）[45] 的意義，政策就是政府使用一系列的方式，包含利用各種可能的手段與工具以企圖達成某些目標。這個目標是由統治者所擬定的，簡單來說，政策就是統治者為了達成政治目的的各種手段，法國政府毫不掩飾國家在政策中的權力面向，也不迴避政府為主導力量的事實。反之，他們正大光明點出文化中的政治性，這也打破文化與政治二元對立的迷思。文化本來就是眾人之事，其中當然免不了權力的運作，因此，法國從來不迴避文化產業中各種政治力量的介入與干預，甚至還透過各種政治手段促進文化產業發展。

---

[45] politique這個字與英文中的警察（police）有著同樣的字根，這也就意味著它必須是合理、應該做的事情。可是，政策不只是一系列的方法，它同時也指出政府應該扮演的角色以及權力的使用；換言之，法文的politique同時包含了英文的兩個意涵，即politics（政治）與policy（政策），而這兩個字都與政治家（politician）有關。

當然，政治牽涉到政治家的動機與政治目標，但從統治者原型主導的政府來看，這不一定會對文化發展造成負面的影響，如法國密特朗（François Mitterrand）總統時代的文化部長賈克朗（Jack Lang），特別強調縮短文化上不平等的差距，進而提出兩種途徑來實踐改善：一是興建全民皆可欣賞的大型建築物，如羅浮宮前由貝聿銘設計的金字塔；二是舉辦全民皆可參與的大型活動，如每年夏至當天在全國各地舉辦的「夏日音樂節」（Féte de la Musique）；透過大型建築與活動讓所有人都可參與文化饗宴。

另外一個文化與政治結合的例子，是1989年舉辦的法國大革命兩百週年紀念活動，這次一系列的紀念活動不僅在文化層面深化了法國人民的國家與歷史意識，在政治面向上，世界各地政治領袖的參與也凸顯出這個紀念活動的政治意義。另一個例子是法德用公共預算共同創立的電視頻道 "AETE French German cultural channel"，此頻道以法德雙語播出並介紹兩國的文化與藝術，節目品質精良且深受肯定。

文化與政治相互合作的例子在法國不勝枚舉，基本上，法國政府如此大規模的補助、介入文化活動的運作，其背後所立基的正是統治者原型。然而，一個好的統治者必須具有統籌、協商、規劃、分配的各種組織能

力，即使像法國這樣被視為中央集權的國家，由文化部主導所有文化政策，但中央也必須與地方政府、各種文化專責機構、工會與藝術家等等一起協商文化政策的運作。協商並不是件容易的事，平衡不同利益間的權力和權利相當困難，因此如何分配權力也是統治者的一大挑戰。

　　基本上，法國政府透過四種途徑作為執行文化政策的手段：法律、稅收、公營體制（如社會福利）、政府投資及補助。在法律制定部分，中央必須考慮到地方的差異性，因此法國文化政策是由文化部統籌，和地方與各文化機構、工會共同擬定，而在法國有五十五個不同專業能力的文化機構，各自扮演舉足輕重的角色。例如1985年通過的《私人複製法》[46]，便是由不同的專業機構之間進行協商而通過的法案，這代表了一個有創意的文化政策所能產生的正面效果。在法國文化政策中，像這樣的例子還有很多，比如說法國政府為了保護本國和歐洲影視發展，特地立法規範公民

---

[46] 《私人複製法》允許個人可以購買空白設備來複製喜歡的音樂、錄影帶供私人使用，但為了同時保障創作者的著作權，所以每一個空白設備的部分銷售額的75%要給藝術家、演出者或製片，25%用以補助新創作基金。以2006年為例，至少有4,000萬歐元（16億台幣）用於補助4,000個新的創作；透過這項措施，創作者、消費者與文化工業之間取得了一種平衡。

營電視台的播映配額 。[47]

又例如「必要投資」（compulsory investment）的規定，亦即在免費無線電視台的年營業額的16％～18.5％必須投入歐洲或法國電視節目的製作、3.2％投入電影長片的製作；首要之付費電視台的年營業額的21％要投入電影長片的製作。這項規定的主要精神在於，電視台的播放權來自於製作方面的投入，以及對其節目製作所需負起的責任；而透過這項措施，2009年共有12.5億台幣的金額投入新創作中，產出230部影劇長片，並有八成法國電影和32.4％的法國電影資金來自電視台，法國電影更高佔院線片的36％等。換言之，政府透過法律措施來規定電視台必須有一定程度的投資於法國電影製作，包括吸引廣告商的資金投入，而不是凡事都動用政府預算，這也是社會再分配的思考，讓文化產業的資源能夠自給自足，降低對商業廣告與其他贊助活動的依賴，便能維持文化產業的自主發展與藝術價值。

其次，在稅收方面，雖然法國2003年才通過，但法國政府對於其周密租稅優惠制度相當自豪，這包含四項主要措施：發展個人贊助（如贊助款的60％可用於抵稅，但上限是個人所得的20％）、企業租稅優惠增加一倍（如贊助款的60％可用於抵稅，但上限是全年營利的5％）、基金會免稅

額提高（每年為3萬歐元，目的在鼓勵更多的企業基金會成立）、簡化與加速「公益」機構或活動的認同過程（從18個月縮減到 6 個月）。在此，以表格呈現出此項制度實施效果。

	立法之前（2002年）	立法之後（2008年數字）
贊助總額	3億4千萬歐元（＝120億台幣）	25億歐元（＝1,000億台幣）
進行贊助的企業	2,000家	30,000家
企業建立的基金會	73	169
文化贊助佔贊助總額比例	--	39%（9.75億歐元／390億台幣）

第三樣政府工具是社會福利制度，雖然因租稅優惠制度而明顯提升了企業對於文化活動的贊助，但如果沒有優秀藝術家的存在，一切也只是徒勞。對此，法國政府以公營體系的方式針對藝術家提出社會福利措施，也就是「文化界公營失業保險體系」（National Job Insurance Scheme for Artists），適用於表演藝術界、公共及私立電視台的創作者、演出者和技術人員。這個保險制度與一般的社會保險制度不同，是特別針對藝術產業

---

[47] 根據架構，例如在播映配額方面，其中六成的節目必須來自歐洲、四成的節目必須是由法國所製作，無線電視台一年須在黃金時段播出共120小時的新製法國及歐洲節目。

相關從業者的工作特質所設計。藝術工作者的工作往往以契約訂定，具有臨時性的特質、通常沒有每月固定的薪水收入，所以相關的點數可以用時數來計算，比如說在過去十個月內工作時間達570小時者，可以享有月金、退休提撥以及醫療保險。根據2008年的統計，已有128,945人從這個失業保險體系中受惠。

　　最後一項是政府直接投資及補助，法國講者介紹了預計2012年開館的朗斯市（Lens）羅浮宮分館計畫，朗斯市是法國北部的一個城市，法國人一般對其有一些既定想像，包括：煤礦、第一次世界大戰、高於國家平均的失業率、以及有名的足球隊；而這些與羅浮宮給人的印象顯然大相逕庭。當初選擇朗斯市作為羅浮宮分館的地點有著許多考量，首先從地理位置來看，朗斯市位居西歐的中心，距離法國巴黎、英國倫敦、比利時布魯塞爾、及荷蘭阿姆斯特丹都不遠；其次，受到西班牙畢爾包（Bilbao）以古根漢博物館重新打造城市形象的成功案例的影響，這個計畫也企圖以文化設施帶動該地區社會、經濟與文化方面的發展，現在龐大的國家資金投入是著眼於未來可能產生的收益，例如預估每年將帶來10萬名觀光客，而有助於提高當地的就業率；這個計畫也呼應了當代的一些發展趨勢，也就是當代建築與文化資產的結合；當然，這個計畫也彰顯了法國文化政策的

基本精神——文化的普及化，希望透過羅浮宮分館的設置，讓許多平常不會到巴黎羅浮宮的人也有機會親近文化傑作。

　　從法國的文化政策可以看出由法國政府主導的一些基本價值觀，包括：創作的自由（Freedom of Creation），尤其是雙重保護藝術家的創作自由和生活條件；文化普及化（Culture for Everyone），政府透過興建文化設施或舉行文化活動以提供人們接近藝術的管道；多樣性（Diversity），包括作品的多樣性與文化產業（如書店類型——大型書店與小型獨立書店的共存）的多樣性等；團結（Solidarity），透過文化政策其實可以建立一些人們得以相互溝通的原則、強化其共同意識與情感。這些價值不僅是法國文化政策制訂的基礎，也反應出政府所計畫追求的目標。

　　法國政府在文化政策上的強烈主導性格，表露出統治者意欲塑造一個社會理想行為的典範，統治者原型主導的社會喜歡階級化的組織，從中央、地方，層層分明，其中每個機構單位的角色與關係都是穩定、定義明確的。統治者是現實主義者，不能也不會有太多不切實際的理想主義性格，必須清楚明白的認識和運用政治權力來達成各種目的與計畫。在統治者原型的社會中，維持與管理秩序安定遠比創新與競爭更加重要，而更重要的是，不論穩定或者改變，掌握權力就是控制一切的關鍵。

第五章 說自己的故事、走自己的路

「那些長久生活在土地裡人的記憶，那些聲音、氣味、形狀、色彩、光影，這麼真實，這麼具體。我因此相信，也知道，島嶼天長地久，沒有人可以使我沮喪或失落。」

——蔣勳，《少年台灣》

第一節 「單一文化」的危機

> 「我們很容易忘記故事是多麼神祕與強大。它們以沉默、無形的方式運作。它們與心靈和自我內在的物質一起作用。它們改變你的同時也成為你的一部分。注意你所聽到或閱讀到的故事，它們以微妙的方式，在深夜潛入意識之下，正在改變你的世界。」
>
> ——Ben Okri（F. S. Michaels, 2011）

從遠古至今，人類社會有別於其他動物所在就是人類具有無比的創造力與想像力，即使在沒有文字的時代，人類的經驗、創造與想像都能透過一個個精彩動人的傳說、神話代代流傳。故事，不只是人類集體生命的結晶，也是凝聚集體認同的重要動力，我們透過故事尋找生命的意義，故事不是外在於我們的靜態存在，而是深入我們生命的所有歷程，影響我們所有的決定與行動。

詩人盧金森（Muriel Rukeyser）說：「宇宙是由故事而非原子所組成。」我們是用故事來掌握我們的過去並且確定我們的未來。心理分析家榮格也提到：「個人的神話不是你所想的那些，不是虛假的信仰。也不是你告訴自己解釋自身所處環境與行為的故事。而是那些形成你生活的活力基礎，不管你有沒有意識到。不論有意識或無意識，你都和你的神話共

存。」（Michaels, 2011: 8）

　　形成生活的基礎並不是真空而生，而是透過我們文化中首要的故事所傳遞。一旦這些文化故事之間有一個逐漸成為主要論述形式，主流故事於焉形成。慢慢地，這個主流故事開始改變其他文化故事，接著更大的脈絡也跟著轉變，個人的神話，就是生活的活力基礎，也會隨之改變。於是乎一種新的統治模式隨之產生，單一文化開始形成。

　　多元的故事會孕育出精彩豐富的生命樣態，相反地，單一故事的世界將會侷限生命發展的各種可能性。然而，每個時代還是有最主流的故事支配當時人們的思考方式與認知框架。如二十世紀哲學家以賽亞・柏林（Isaiah Berlin）所說：「我們如何思考與行動的歷史，大部分就是宰制觀點的歷史。」（Michaels, 2011: 1）也就是說那些我們所意識到重要的議題，包括我們對一個世代或兩個世代的想像，都具有特定的模式。柏林指出在某一個時代主要的生活模式，文化所遵循的統治模式，可以解釋理解這個世界如何形塑人們思考、感覺與行動。

　　所謂主流故事——在社會中取代其他的唯一敘事，抹煞了多元，形成單一文化。當你身處在歷史上某一特殊時期的主流故事中，往往會接受這故事所定義的真實。你會無意識相信或做出某些行動，並且對其他事情不

信任與不採取行動。這就是單一文化的力量，單一文化能夠讓我們不加思考直接按照模式行為。慢慢的，單一文化會發展成我們生活結構，成為近乎無形奠定結構的基礎。這種單一文化區分了我們對於什麼是正常的概念，讓我們恐懼不信任其他故事，也不相信或期待其他可能性的存在。如果不了解當代的單一文化究竟對我們生活的世界產生什麼樣的影響，我們就不會真正理解自己日復一日的決定與行動是如何被預先決定，也不會意識到自己生活原來是有固定的軌跡可尋。

即使如此，但故事和現實經驗總是有所差異，人性從來不是如主流故事所述那樣單一絕對，人類的經驗總是比單一敘事來得更廣更深。慢慢地，我們會逐漸越來越渴望某些單一文化沒有說、沒有給的那些事物。一旦意識到不足，就是超越的契機，是新故事展開的起點，也開拓了生命的另類可能。麥可（F. S. Michaels, 2011）在《單一文化》（*Monoculture*）一書中指出，在我們這個時代，二十一世紀初，單一文化不是科學、機械與數學，也不是宗教與迷信，而是「經濟」。

當代的單一文化由經濟故事所主導，這個主流故事結構透過各種隱晦或顯露的方式改變了所有人的世界，包括人們如何思考工作、人和他人與自然世界的關係、群體、身體與精神健康、教育與創造力等等，生命周遭

圖45　中國上海

的一切種種都受到經濟價值和預設的形塑與影響。而思考的轉變牽制你我的行動，因此單一文化不只會改變你我的心態，最終還會改變你我的生活。

看看這個時代單一故事的偉大力量如何形塑我們對生活的想像與認知，從我們這個時代的暢銷書和流行故事就可得知，市面上所有的故事和書籍都是和錢相關的——包括怎麼賺錢、怎麼賺更多錢、怎麼花錢、關於消費主義、商業主義或物質主義等。

經濟故事中，人是理性

的個體[48]，個人是自我利益導向者，每次下決定都會持續計算最佳利益。在經濟故事中，個人會像企業家（entrepreneur）一樣思考與行動。法國經濟學家薩伊（Jean-Baptiste Say）這樣描述企業家的特質：「企業家就是將資源從一地轉移到另一地，以便創造更高的生產力與更大的收益。如果你是一個企業家或者像企業家一樣的行動者，不論你去到何處，你都會增加生產力、利益與提高價值。」（Michaels, 2011: 12-13）

在經濟故事中，每個人都想要得更多，永遠不會滿足，因此資源總是稀少的。在經濟故事中，世界是由市場組成，而市場是買賣交易的地方。在經濟故事中，當經濟成長時，生活就會更美好[49]。

總之，在經濟故事中，你是理性、自我利益為主、企業家類型的個人，試圖要滿足無限的慾望。世界是由市場組成，市場是買賣的地方，而價格是由供需所決定，因此權力是在市場而非人。市場是由競爭所規範並且產生效率，市場的成長是沒有限制的。當你擁有越多資訊，就能做出更好的選擇。你和所有人競爭，關係是冷漠、匿名與交易性的，經濟成長會讓社會整體成長。

麥可（2011）指出單一文化已經改變個人與企業之間的關係，他以美國為例，美國領薪水的雇員人口比例，已經從1820年的20％提高到1900年

的50％，到了2000年已經有高達90％的人口都是為組織工作，一半以上都是受雇於大公司。1950年代的雇傭關係是長期穩定發展的，但受到經濟故事的影響，雇傭關係已經轉變，現在的公司需要更具彈性的勞動力，未來的勞資關係不再穩定，而是隨著公司的需求轉變。公司與員工之間不再彼此承諾，公司對工作安全的保障越來越少，對員工訓練的投資也日益縮減，另一方面，員工流動性更大、對公司的忠誠度與向心力都日益降低，因為他們必須負擔起更多自我訓練與技術發展的責任，並且需要面對更多市場不確定的風險。

除此之外，經濟故事也改變了企業對社會責任的看法，越來越多人相信社會責任對企業聲望的重要，是因為社會責任被視為和公司的資產負債

---

48 在經濟故事中，理性代表當你面對選擇，你會透過三個步驟進行選擇，假設你知道你的目標為何，你首先會描繪出所有可能達成目標的方式，然後計算各種方式的可能成本與效益。接著，你會分析哪一種選項最有效益，用最低成本達到最大效益。最後，你將選出最有效益的項目，因為在經濟故事中，你最好的選擇永遠是最有效益的選擇。（F. S. Michaels, 2011: 11）

49 當一個國家經濟產出價值GDP（Gross Domestic Product，國內生產毛額）提高時，就等於經濟成長與生活改善。但許多觀察者已經指出經濟成長並不能說明一切，GDP成長可能會提高生活水準，但生活品質不一定隨之提高。（F. S. Michaels, 2011: 18）

表上面其他任何重要品項一樣是具有價值、被認為是真正公司的資產。經濟故事也說公司賦予員工更多的權利是因為經濟考量而非出於真正關心員工。值得發展一個身心健康的工作環境並不是因為我們重視工人們的心理健康，而是因為這能促進組織產出的表現。改善工人福利並不是因為我們認為健康是有價值的，而是因為健康的工人是具有生產力的工人，而公司的醫療成本也會因此減少。經濟故事邏輯將經濟發展提高到至高無上的地位，其他都只是為了追求經濟發展的手段。

更糟糕的是經濟故事也扭曲了人與人之間關係的本質與意義。人們在社群中，和他人的關係是建立在尊重、愛與付出等人本價值上，社群幫助需要的人，是因為這些人的奮鬥本質上是具有高尚性格，且不論這些人的經濟地位為何都有其價值。社群的目的是幫助社群中的成員成為健康、自我滿足的個體，並且建立並加強成員彼此之間的關係，以便大家可以在社會中共同生活，這也是為什麼我們賦予家庭與社群更高道德地位的原因。

但經濟故事改變一切，成為團體的一員不是意味著你成為更大於自己的團體之一部分，參與不同團體的目的不是為了團體責任，而是為了自身利益。甚至家庭的意義也被經濟故事扭轉，在經濟故事中，小孩代表一種特別的經濟風險與成本，選擇組成一個家庭就是選擇讓自己在經濟上更加

脆弱，完全不考慮家庭的根本價值與意義。

在經濟故事中，朋友、鄰居和社團中的成員，甚至是陌生人，都是你發展個人品牌的潛在對象。如同商學學者湯姆・彼得斯（Tom Peters）所說：「當你行銷你自己，你所做的每件事情──包括你選擇不做的每件事情──都是溝通品牌的價值與特質。」（Michaels, 2011: 41）。到最後，所有一切都是經濟故事，人與人之間的關係都是交易性的，關係是完成經濟目的的手段而非目的本身，與人交往都是為了達成自己利益為前提，而非享受交往關係本身。

就連政府的角色也因為經濟故事而有所轉變，記得1776年美國總統約翰・亞當斯（John Adams）指出：「政府是為了集體利益而存在，提供人們保護、安全、繁榮與快樂，並不是為了任何人、家族或者任何階級的利益、尊貴或私人利益而存在。」這種對政府角色的崇高理想，到了2002年已經變成美國能源部長麥克・史密斯（Mike Smith）所說的：「政府最大的挑戰就是如何最有效益的利用納稅者的錢來促進產業利益。」這就是我們這個時代的主流故事，也是我們這個時代的單一文化。（Michaels, 2011: 48）

在哈佛大學開設「正義」課程的學者麥可・桑德爾（Michael

Sandel）則認為，生命中某些美好的事物，一旦被轉化為商品，就會淪於腐化或墮落。所以若要判定市場所歸屬的範疇或我們應與之保持多遠的距離，我們必須決定，如何去衡量我們所討論的那些事物：健康、教育、家庭生活、大自然、藝術以及公民責任等。這些是道德與政治問題，而不只是經濟問題。

經濟故事忽略了很多事物是源自於人類根本的需要，經濟只是人類行為動機的原因之一，並非全部。社群絕對不是也不應該視為個人利益的工具，人類，就算是游牧民族也需要家的感覺。家，具有兩個基本元素：社區感，以及更重要的是「歷史」，人類居住在時間和空間裡，兩者息息相關。如地理學家段義孚（1977）在《經驗透視中的空間與地方》寫道：「大地呈現出個人與部落的歷史。」而人的快樂不可能只建築在單一的經濟基礎上，是人的過去，是那些集體性與歷史感造就了人們現在的人生與感悟，進而決定未來生活的喜樂。

美國知名記者魏納在遍訪三十多個國家尋找快樂國度之後，體會到：「無論用哪種方式，美好人生、快樂生活的一大重要元素就是：人必須與大於自身的事物連結，人必須認定自己不只是宇宙雷達上的光點，而是某個更大事物的一部分。」（Weiner, 2009: 123）

第二節　創意城市的未來——以故事打造新故鄉

> 「一般來說，最熟悉的一切只是因為熟悉，而不是因為認識。」
>
> —— 黑格爾（F. S. Michaels, 2011: 7）

在單一文化的支配之下，我們會慢慢遺忘價值是多元的，我們會逐漸喪失使用經濟語言之外，其他語言的表達能力，經濟語言告訴我們的所有故事最終會改變故事本身的意義。語言架構思想，而思想形塑行為，文化單一化會支配我們所做的決定與我們生活的方式。換言之，單一文化會扼殺人類的想像力與其他生活方式的各種可能。

面對這種單一文化的強大力量，要找回多元價值與豐富的生活，必須傾聽自己內心最深處的渴望，找出自己最珍貴的價值，而非只是單一文化所傳誦的經濟價值，這正是哈維爾（Václav Havel）所謂的「獨立的社會精神、社會的與政治的生活」（the independent spiritual, social , and political life of society）（Michaels, 2011: 116）。所謂獨立的生活是指脫離過去的經濟故事與單一文化，在內心深處達到更高程度的自由，這種生活可能是任何形式，可能包含你所做的一切、你去過的所有地方、你從事活動的所有領域。

圖46　台灣田園一景

　　脫離主流故事的框架，獨立的生活會慢慢地、自然而然開始以其他方式組織，發展出哈維爾所謂的「平行結構」（parallel structures），所謂的平行結構是讓你生活在一個不同生活類型的空間，並且從人類真實的需求中成長。值得注意的是，平行結構不是教人逃離社會或獨立在世界之外，而是對世界有所責任，對超越自身的一切有所感覺，對每個人開放，進而解放思想與另類的價值和行為。（Michaels, 2011: 116）[50]

　　以慢食運動為例，慢食運動是1970年從義大利開始，一群年輕的政治活動者希望重新發現食物的樂趣，以及從生產原料、準備食材、烹飪與食用的整套流程中，重新尋回速食時代軼失已久的飲食感官體驗。經過十多

年的努力推動，在1989年巴黎宣佈推廣國際慢食運動。慢食讓我們有另類生活方式的空間，一種更緩慢、更充滿樂趣的生活；也讓我們開始關心環境與永續性價值，食物對我們的健康與世界發展有益。因為食物與環境之間的關係是千絲萬縷、息息相關，而飲食文化更是和更大範圍的社會文化相互關連。因此，以慢食運動作為一種平行結構，引起人們對世界環境的責任感。這運動也對所有人開放，超越政治、經濟、文化差異，從人類真實的需要出發。不論你的國籍、種族、財富，凡是人都需要吃東西，你所吃的東西決定你的健康與活力，飲食習慣也會影響人的互動與社會文化，一起吃飯的習慣建立信任與友誼，也讓我們有機會放鬆，並且開始成長。慢食運動是鼓勵人們重新發現飲食過程的歡愉與智慧，提倡花時間準備食材，一起吃飯，也代表一種不同於單一文化的另類價值與行為。

　　最近越來越多人感受到經濟故事這種單一文化所造成的社會扭曲與價值混淆，更重要的是扼殺了其他文化的生存自由。如1998年諾貝爾經濟學獎

---

[50] 麥可提出三種類似平行結構的運動，如1970年代在義大利興起的慢食運動、亞歷山大（Christopher Alexander）的建築模式語言、與盧森堡（Marshall Rosenberg）的非暴力溝通（nonviolent communication）。無論成效如何，這些都是開始超越經濟故事的價值與預設的具體方式。（F. S. Michaels, 2011: 117）

得主阿馬蒂亞・森（Amartya Sen）在《經濟發展與自由》（*Development as Freedom*）一書中，就強調「發展的正確意義，在於增進自由」。發展的概念必須超越財富的累積、GNP（Gross National Product）等指標的提升、技術進步、工業化或其他與所得產出相關的變數，我們必須看得更遠、想得更廣。財富的用途在於幫助我們達到實質的自由，發展必須更關注於增進我們的生活與所享的自由，將之視為目的並無意義，阿馬蒂亞・森認為自由的真諦在於個人有能力去做自己認為有價值的事情。

沒有人否認經濟發展與物質生活的重要，但經濟只是人類發展的眾多面向之一，而非唯一面向。在經濟故事的單一文化下，所有社會發展的目的全部以經濟為依歸，經濟原本是為了促進個人自由的發展手段，如今卻凌駕在自由之上成為生活的所有目的，如此一來，經濟目的反而成為扼殺個人自由的來源。

同樣地，經濟的單一文化也深深影響當代社會文化與城鄉發展的樣貌，所謂的創意被視為一種「產業」，一個城市的經濟價值與各種產出、指標數據成為衡量創意城市的判斷標準。不知不覺，我們都落入單一文化的思考邏輯，看似豐富繽紛的發展故事，其實都是同一套經濟故事，我們已經逐漸喪失講述其他故事的想像力與創造力。翻遍市面上講述文化創意

產業與創意城市的書籍，最終還是落入經濟思維的邏輯，決定成敗的指標還是經濟產值的數據，很少創意城鄉的研究重視各個城市的差異性與特殊性。

目前全球發展最大的盲點正是大家全靠國民生產毛額來衡量一個國家的進步與否，我們評量容易檢測的外在事物，卻沒去評量真正關係到民眾生活的核心理念。[51] 國民生產毛額可以計算一切，但無法計算那些對生活真正有價值的事物。因此，不丹國王旺楚克（Wangchuk）於1973年提出「國民快樂毛額」（GNH）理念作為抵抗。強森（Jeff Johnson）在《國民快樂毛額及其發展》中提到：「不丹是第一個正式對『金錢有好無壞』說『不』並加以挑戰的國家。」除此之外，2002年《外交政策》（*Foreign Policy*）雜誌的麥克葛瑞（Douglas McGray），將日本青少年為主題的電玩、卡漫等次世代新媒體正式喊出「酷日本」，做為日本以「超級軟實力」重新創造了日本經濟「失落的十年」復甦的可能性與契機，並提出了GNC（Gross National Coolness）——國民酷指數的概念。這兩者都希望

---

[51] 國民生產毛額是指某段時間內，一個國家所生產的貨物和服務總額。因此，不論是伊拉克戰爭、艾克森油輪原油外洩、美國監獄囚犯人數上升，這些全對美國的國民生產毛額或稱國民生產毛額（GDP）有所貢獻。

從傳統的GDP與 GNP提出另一種衡量標準，更正確的說，我們應該在傳統的所得與生產指數外，納入另一個參數，如快樂指數與酷指數等，才得以全觀一個地區或城市真正的實力。（Weiner, 2009: 87）

　　事實上，每個城市都具有不同的特質與發展歷史，不應該也不能夠用客觀的經濟數據與產值標準來衡量一個城市的進步與精神。即使面對日益全球化的挑戰，也不可輕忽城市作為在地力量的基地與創造獨特文化的可能空間。如貝淡寧與艾維納・德夏里特（Daniel A. Bell & Avner de-Shalit, 2012）在《城市的精神》一書中提到，在全球化時代中，城市特質的重要性並不會因此減弱，反而會日益突出。因為越來越多城市成為人們用來反對全球化，及其將文化同質化的機制與工具。許多城市花費時間、精力和金錢，來保護其獨特氣質，透過城市規劃和建築政策，或者透過人們使用城市和與城市交往的方式，來保護這些氣質。所謂的「精神」或「氣質」（Ethos）是指一個民族或社會的代表性精神、普遍的心態。有些城市確實表達出或是選擇不同的社會和政治價值觀為主要精神，而城市氣質就是被生活在這個城市的人普遍承認的一套價值觀與視角。（Bell & de-Shalit, 2012: 15）

　　當地居民的文化與價值會決定一個城市的氣質，相同地，一個城市氣

圖47　中國上海

質亦反映出當地人們的社會文化與價值觀，不僅如此，城市氣質還會影響未來整個城市的發展方向與可能。哈維（David Harvey）曾指出，許多鄰近社區條件的惡化與社會公平正義的議題密切相關，也影響人們對社會公平正義的理解。社區的組成和鄰居狀況，能推動或破壞民主和公共參與的程度，好比說我們可以從貧民窟了解種族關係的糟糕狀況，從當地的戲院、體育館、咖啡館、飯店的安排與設計，了解該地的生活方式、享樂主義、菁英文化、大眾文化等各種文化社會問題，規劃便於步行和騎乘自行車的城市，以及便於汽車行駛的城市，基本上就代表該城市鼓勵與推動了各自不同的永續發

展價值觀。那些城市中的街道標示牌上標誌著一種以上的語言，就能反映出該城市的多元文化主義，以及尊重少數團體權利的立場。還有城市中醫院的位置或設立數量，都能體現當地人們對身體的關心程度與醫療資源的分配，甚至連計程車司機的談論話題，都能反應出一個城市的主要氣質。（Bell & de-Shalit, 2012: 16）所以，當一個社會的價值體系越趨向「一切向錢看」的單一文化，自然也會成為一個愈來愈物化且腐化的社會，而人的價值也勢必日漸被忽視，並連帶持續流失文化與創意，更失去自我認同和各方面的競爭力，這也正是單一文化的最大危機所在。

因此，對一個城市魅力的評斷不僅是美學判斷，也是對那座城市居民生活方式的道德判斷。貝淡寧與艾維納・德夏里特感嘆很少有人從這種角度分析城市，也很少有人關心城市特質，他們提出生活在城市中的人可以在政治過程中，竭力繁榮和推廣他們獨特的生活方式。在政治實踐上，城市往往是集體自決的場所。作者採用「市民精神」（Civicism）來表達這種都市自豪感，意指城市居民對自己的生活方式感到驕傲、並努力推廣其獨特身分認同的觀點。

簡單來說，城市氣質能對社會生活具有價值和趣味的多樣性做出貢獻，一方面，不同的城市創造更加美麗多彩的人類畫面，是審美上的愉

悅；另一方面，不同的城市給社會和政治生活的可能形式增加了新內容，這是多樣性的道德要求。（Bell & de-Shalit, 2012: 21）

　　有鑑於此，本書主旨也是希望能跳脫過去以經濟單一文化的敘事方式來分析創意城鄉發展的策略，而轉向採取原型分析，將其應用在創意城鄉敘事中，試圖重新找出新的城鄉敘事方式，尊重不同城市之間的差異，發掘各種不同的生活樣態與生命價值。

　　從原型分析中，我們可以看到人類深層的慾望是如此多元、生命的動力是如此活潑旺盛，每個人都可以用不同的方式成就自己的英雄歷程。個人、集體、城鄉及國家都是如此，雖然原型揭示生命歷程的軌跡可尋，但這週期並不是根據經濟故事的邏輯，而是依據人類最深層的渴望與動機。唯有擺脫單一文化的侷限，才能擁有更多元豐富的故事發展，我們要的是一種自由，一種能夠說出屬於自己故事的自由，這樣我們最終才能走出自己與眾不同的道路。

　　創意城鄉的敘事應該是多元豐富，而城市的多元性是指「微觀的總和」，是由城市裡頭每個人認同當代歷史文化，並且能夠自由發展、自由論述各自對城市的情感與想像，這種個人故事力豐富了城市的內涵，成為城市中寶貴的無形資產。

創意城鄉不只是以地理與疆域為範圍，還有生活在場域裡每個人的文化與價值認同，建構一個城鄉的敘事與推論的方法決定了一個場域所被賦予的不同想像與目標。無論是社區總體營造——以地方永續經營為目標策略，或者是以產業別分項產值的文化創意產業，個人、社群與城邦關係都需要假設人人具有同理心的能力，才能凝聚為一個城鄉個體。也就是說，個人需要具備將自我延伸向外到社會的概念，而要進一步地產生認同感，則需要更多的情感元素才能達成。而情感元素的獲得，不論新舊世代，都是從故事裡萃取。

雖然台灣近年來投入相當多資源與心力在打造創意城市上，試圖積極追求新的城市發展典範，然而長久以來，台灣的城市發展還是以西方現代城市發展模式為借鏡，嚮往成為世界的金融中心、科技重鎮或是商業大城，投入許多相關的硬體建設，於是一座座現代亮麗的商辦大樓、產業園區與大型的購物中心，陸續出現在我們的城市中，如劉維公所說的：「在一切物質經濟掛帥的發展模式下，台灣的城市實質上就像是一個巨大的工廠，成為工作的城市、資本的城市。」也難怪楊翠有此感嘆：「我們美麗的島嶼福爾摩沙，城市總是乾枯無味，所有曾經發生過的故事，都被毀棄、埋葬。我們也有夢想，夢想從域外取材，耗費數十億，興建華麗古根

圖48　台灣花蓮六十石山

漢，而不是讓美學元素遍佈城市角落，讓旅行者日常可見，隨處遭遇。」
（楊翠，2012）

　　楊翠在日本旅遊時，見識到日本城市如何珍惜一個作家有感而發。日本知名作家石川啄木，二十六年在世間的貧寒人生，浪遊北海道一年歲月，他以素雅的美學底蘊，深深鑴入城市的肌骨。札幌、小樽、函館、釧路，到處都有他的歌碑與詩碑。在漁港釧路，他只住了七十六天，竟有二十五個詩碑，他短暫工作過的「釧路新聞社」，還被建造為「石川啄木紀念館」。令人難以想像，石川啄木的身影和詩語，在市場、餐廳、文學

館、玻璃館，他與城市的短暫邂逅，都被不斷複寫，以新穎的創意美學再現。

進入二十一世紀，人們開始期待看到不同的城市樣貌與生活型態，過去以產業經濟發展情況做為城市評比的唯一標準已經有所改變，現在健康、生態、文化與創意都被列入評比的尺度，這一波城市發展的新趨勢稱為「城市的文藝復興運動」，顯示出人們渴望恢復的城市人文價值。

即便如此，但目前討論創意城市的發展，大都還是以創意產業的經濟發展為主要研究核心，分析具體客觀的數據與結構性因素，很少關注當地居民的需求與感受，也忽略了當地的歷史脈絡、文化的特殊性與集體認同的必要性和獨特意義。然而，一個真正以人為本的創意城市，文化不應該只是吸引消費、刺激經濟成長的工具，相反地，我們應該更重視文化與人文本身的意義，建立一個屬於自己特有、值得認同、尊重與努力追求的文化價值，這才是我們追求經濟發展的目的。

第三節　屬於台灣在地的故事

「二十世紀是埋藏巨大悲傷的世紀。第二次世界大戰之後，歐洲猶太人寫他們悲傷的故事，至今已數百本。日本人因為自己的侵略行為惹

來了兩枚原子彈也寫個不休。……我在那場戰爭中長大成人，心靈上刻
滿彈痕。六十年來，何曾為自己生身的故鄉和為她奮戰的人寫過一篇血
淚紀錄？」

（齊邦媛，2009）

「城市是故事的容器。這些年，我總是在想，我們該如何演繹一座
城市的故事？」

（楊翠，2012）

　　用原型打造一個創意城鄉的新敘事方式是本書的用意，故事是我們了
解過去與追求未來的關鍵，我們要怎麼樣建構屬於自己的在地故事，就反
應出我們應該如何認同自己、如何想像集體未來，因此，故事是創意城鄉
的重要關鍵元素。

　　而故事不只是一種想像創作，文學也不只是一種藝術形式，透過故事
我們理解自身的文化；透過文學我們能走入歷史，改變未來。描寫城市生
活的文學作品往往最能反映出城市的多元生活樣貌，在歷史重大時刻引發
的文學作品，不但記錄下真實也召喚出集體改革的可能。正如我們透過賴
和的作品想像日據時代的台灣，他用深刻的筆觸讓我們呼吸到日據時代台
灣的氛圍：「我想是因為在這個時代，每個人都感覺著一種講不出來的悲

哀，被壓縮似的苦痛，不明瞭的不平，沒有對象的憎惡，不斷地在希望這悲哀就會消釋，苦痛會解除，不平會平復，怨恨會報復，憎惡會滅亡。」（賴和，1930）

　　記錄與書寫都是影響未來行動的力量，透過楊逵、呂赫若的故事，我們看到台灣在日本殖民統治下從傳統農業社會邁向現代化的辛酸與掙扎。如果有心，這些故事可以重新賦予台灣許多城市更豐富的文化生命與力量，如前文提到的楊翠，作為楊逵之孫女，更有使命感積極投入用故事書寫城市的文化活動，從楊逵出生地新化開始，以市民集體的行動，實踐了這種「日常美學」與「遭遇美學」。新化小鎮取用作家的文學與生命史，演繹新故事。老街的「楊逵文學館」、楊逵的母校新化國小、陶藝家王蘭芬的「楊逵文化走廊」，是當地少女與志工媽媽合作的新故事文本，國小一棟紅磚大樓，向外的牆面，玫瑰意象素雅典麗。走進新化高工，一條「楊逵文學步道」，引你與作家一同散步，尾端的「葉陶楊坊紀念餐廳」，取用作家妻子的名字，新化國中則展示楊逵〈默默的園丁〉手稿放大影像。來到新化高中，校門右方藝術家賴佳宏的公共藝術《馬拉松向前跑》，演繹楊逵「堅毅前行」的精神；新落成的圖書館大樓，藝術家曾英棟以「壓不扁的玫瑰」為意象，建置八根圓形大樑柱，以殘破的馬賽克詮

釋楊逵不屈的魂體，陽光下，樑柱的玫瑰燦爛發光。（楊翠，2012）

　　透過故事與想像，文化與美學意識都能賦予地方與城市更豐富的文化厚度。以台灣城市文學最為興盛的台北市來說，從五〇與六〇年代起，哲思具悲苦性格的周夢蝶一卷《孤獨國》，「一朵憔悴的心花／葉葉飄繞在你窗下／不為偷吻你的綺夢／只為聽一兩聲木屐兒滴答……」，詩人以極富哲思的詩句，凝聚悲苦之情，並兼具中國古典意象之美，娓娓道出當時政府遷台局勢動盪，社會窮苦，居民生活坎坷、內心壓抑的感覺，《孤獨國》更被現代文學界描述為當代經典。

　　與之相呼應的白先勇於1971年發表的短篇小說集《台北人》，描述流寓台北的中國大陸人士，即所謂的「外省人」，抵達台北以後的生活景象，那不忘故國的心理狀態，可謂身在此而心不在焉。《台北人》當中描述的，仁愛路四段的洋房、天母的豪宅、長春路底的眷村、西門町的歌舞廳，雖然今已多不復見，但這些印象仍然被完整地保存了下來。白先勇其他的短篇小說集，《寂寞的十七歲》，描述對未來充滿夢想與憧憬的青少年成長環境和其與社會互動的故事，文中也可窺探出在當時的時代背景下，青少年開始慢慢地接受理想與現實的差異，以及當時社會對學生的期許和價值觀。1983年發表的《孽子》，則在兩部短篇小說《寂寞的十七

歲》和《滿天裡亮晶晶的星星》的基礎之上，描寫自我內心和主流社會的差異和掙扎，文中也可以見到台北新公園（今二二八紀念公園）被定調為同性戀文化的聚散地。

愁苦的代表隱地，在2000年發表的《漲潮日》裡，追憶了過去那個物質匱乏又窮苦的生活。隱地生活在六〇年代貧窮的台灣，看過這四十多年來台灣人民富庶的生活，已經把過去那段時光忘得一乾二淨。他描寫了少年時刻苦的生活，畢竟繁華的生活很難在人心中留下十分深刻的印象，但刻苦的生活卻分外令人記憶深刻。「走過牯嶺街，一條年少時候始終走著的路／無端的悲從心生／黑髮的腳步／走成白髮的蹣跚／一條年少時候始終走著的路」，隱地這部《少年追想曲》娓娓道出少年時內心的徬徨與恐懼。黃春明《兒子的大玩偶》也很深刻的刻劃出卑微的小人物在面對外來文明的無奈與辛酸。這些寫實的創作，很真實地反映出當時人心以及生活情景，也是台北文學中不可或缺的骨幹。

將六〇年代的這些文學作品的內容串連起來，我們可以想像一個由當時的台北火車站往西往南一帶蔓延的空間，也就是所謂的「城內」——自武昌街上的明星咖啡館，亭子腳的周老舊書鋪，台北新公園（今二二八紀念公園），舊中華商場，到有著光榮歷史的中山堂，向南延伸到台北市植

物園、牯嶺街一帶。現在我們可能很難想像如明星咖啡館、牯嶺街這些地名在時代背景中的意義。超過六十個年頭的明星咖啡館，曾經是周夢蝶、白先勇、黃春明、林懷民、白先勇、季季、陳若曦等伏案寫作，高談文學理念的地方，而雲門舞集創辦人林懷民的第一篇小說《蟬》也在此處寫成。1979年，對「明星」充滿追思與回味的白先勇，寫下了散文〈明星咖啡館〉。2011年初出版的《武昌街一段七號》即訴說著這段台灣文學蓬勃發展的故事。牯嶺街，另一個台北人不可以忘記的歷史地標，過去是來往台北城與古亭庄之間必經的交通要道，日治時期這裡是一系列木造的公務員宿舍，許多和殖民有關的重要人物都居住在這裡，而光復後，故事仍在繼續，這裡成了當時日本人臨走時販賣舊書字畫和收藏以籌旅費的地方，演變至今就是我們耳熟能詳的牯嶺街舊書攤。現今的牯嶺街小劇場，最早是日本憲兵分隊所在，光復後成為中正二分局，直至今日，警察局遷往新址，藝術取代了過去的專制威嚴，歡迎著來來往往的觀眾。

　　七、八〇年代以後的文學作品，隨著政治經濟的變遷，開始展現作家對人物生活更細膩的觀察。蔣勳的《今宵酒醒何處》中，企圖賦予這塊土地美的想像，他寫下自我放逐的過程中所體會到美的感受，正是今宵酒醒何處，是處處都捨不得，所以處處都可以告別。這樣旅者的情懷在王文娟

的《微憂》裡同樣顯明，《微憂》將作者對台北市的大街小巷的回憶串成一本書，就如同書名下的副標一般：「那些無事在台北走路時想起的小事」，這本散文集，相當細膩地記錄了在台北的大街小巷中，不同時地物的心靈感受。從長安西路的中山市場，隱身溫州街小巷弄中的大宅院，被過去清代移民譬喻為巫女的北投溫泉區，到承德路、市民大道的車水馬龍，轉進地下道的捷運大街，台北市有太多的記憶可以拼湊，就像一本剪貼簿一樣，貼滿了五彩繽紛的夢。

同樣的，朱天心以「北一女三年記」為書的《擊壤歌》，幾乎就是她整個高中時期的青春記事簿。曾經的那個「帝力於我有何哉」、卻又在政治環境特殊的年代裡，天真而近乎懵懂的懷著對中國熱愛的高中小女孩，經歷了二十多年風霜，朱天心在《古都》裡仍然不改其城市漫遊者的本性。作者將京都作為文學創作的重要原鄉，把台北和京都兩地以時空交錯的手法重疊在一起。

七〇年代以後的文學發展，就不能不提到坐落於大安區新生南路上的紫藤廬茶藝館，自由主義知識份子如殷海光、李敖、陳鼓應等，早期都為座上客；現任主人周渝接管紫藤廬後，更進一步開放空間，支持一些剛在起步摸索的文化人、政治人，諸如尉天驄、白先勇、施叔青、李昂、辛意

雲、奚淞、王津平等經常在此出入，具有濃厚批判色彩的《台灣社會研究季刊》也在此創辦；周渝甚至也曾參與「美麗島運動」，在台灣民主運動的萌芽期，一些初嘗挫敗感的失意黨外人士紛紛在此落腳聚集，紫藤廬成為日後陳文茜筆下「反對運動記憶裡最美麗的堡壘」，也成了林濁水回憶裡「落魄江湖者的棲身所」；龍應台2003年的散文〈在紫藤廬和Starbucks之間〉，是對所謂台北城市必須「國際化」之呼聲的反思，而在城市文化地景的意義上，更毋寧是晚近台北文人對紫藤廬力道最強的一次頌讚了。沿著新生南路南行，來到台灣大學所在的公館地區，溫州街的咖啡館林立，長期以來也是眾多寫作者的溫暖港灣，「挪威森林」咖啡館出現在駱以軍、邱妙津等多位作家的筆下，雖然已經搬遷，現也轉手經營，其作為溫州街咖啡館代表之地位，卻已經在台北文學史上留下印記，溫州街的人文風景，也未曾因此而有所改變。

　　走在台北市，我們可以發現現在的台北市地圖，已經從原本的舊台北城區向外延伸，從最早的中正雙連和牯嶺街區，向東有城東街區，也就是現在熟悉的台北東區，向南有溫州街區，過去瑠公圳的舊址，向西有西門町、艋舺街區，向北延伸到天母和士林北投區，文學的材料更多了，包容的東西更廣了。相對而言，居民的生活也更豐富了。我們不難在街頭巷弄

中發現美好，就如同余光中的散文〈記憶像鐵軌一樣長〉裡的心情一般，每走過任一間店，轉角任一光影的變換，人與人互動接觸所發生的大大小小瑣事，都堆疊在我們的記憶拼圖裡。台灣已經擺脫了過去日本殖民的文化高壓統治、戒嚴時期的緊張，過去的記憶被文字完整的保存起來，這也正是地方成長前進的底蘊。

這些城市傳奇不是經過由上而下的力量堆疊出來的，而是透過生活在各個城市角落的作家的心與手反映出來。重要的是，這些城市的人、事、物，經由故事性的敘述，具有更強的渲染力與感動力，不僅能夠引起當地人們的共鳴與認同，也更容易觸動外來人群的情感。最早的城市文學，圍繞著城市居民的生活，探討市民關心的議題，歌頌市民的成就結晶，或是負面的批判當時的宗教思想或政治制度。最初的城市文學具有強烈的現實性，演變至今，城市文學的範疇不斷擴大，我們仍然可以看到其基本組成，包括了市井小民的生活態度與習慣，對生活的渴望和想像，對社會議題的批判，從而擴大到一種對生活的渴望和追求，對生活態度的反思，對生活中美的結晶與感動。

針對台北創意城鄉的敘述，已經有一些在台北的文化人，尋找在地的美好生活元素與創意活力來源，例如舒國治，其文學作品題材廣泛，但最

為人所知的則是以台北市為書寫對象的散文作品，這些作品可能是從很小的人事物或日常生活找到靈感，因此人稱「生活趣味的雜項作家」[52]。在舒國治的文章中，不只可以「看」到台北，也「聽」到、「聞」到、「嘗」到台北，舒國治豐富的五感經驗反映了台北市豐富的人文內涵。

　　然而，這些城市的文化人筆下所流露出的台北，並非原創。台北城在多次的偶然與歷史記憶的堆疊下建構而成，一個引人注目的城鄉印象往往是因為實體上理想的缺席而產生的，並非由城鄉發展策略從上而下衍生而成，而是從文人藝術家天生敏感與理想主義性格所創造的（conspicuous by its absence）。

　　還有作家韓良露，她不只以文學記錄台北的微小事物，甚至在2007年於師大街區成立了南村落，這是一個讓各種文化活動與各行各業的人們可以互相交流的空間。韓良露寫了許多有關永康里、青田里、龍泉里的文

---

[52] 舒國治寫過〈走馬舊書攤——牯嶺街〉、〈割絕不掉的惡習——逛舊書店〉等「逛」文；寫過〈燒餅〉、〈水餃〉、〈託友人代為嚮導台北小吃〉、〈美國亂吃〉、〈咖啡館〉等「吃」文；寫過〈一個七十年代青年回看搖滾樂〉、〈美國民歌之旅〉、〈再談美國民歌〉、〈公路上的音樂〉、〈三角洲／藍調／交叉路口〉等「聆」文；寫過〈在旅館〉、〈早上五點〉、〈在台北應住在哪裡〉、〈喪家之犬〉、〈哪裡你最喜歡〉、〈賴床〉、〈在途中〉、〈旅途中的女人〉、〈理想的下午〉等「居停」文「上路」文。

章，內容包括飲食、街區小事、市集等等。[53] 而南村落更是落實韓良露對城市精神的實體化表現，以及對康青龍的居民給予支持與鼓勵。康青龍一帶，存在許多有個性、有想法的店家，他們開店的目的，不是為了賺錢（earn money），而是想要過好的生活（earn a living），這正是個人力量打破現今跨國企業與連鎖企業的資本壟斷和打破單一城市地景的強大表現，也是讓城市萌發生機與創新的種子。

若將影像作品視為文本的一種，則實地取景的影像作品，當然能將城市文學地景塑造得更為豐富。侯孝賢導演於1989年執導的《悲情城市》以九份地區為故事背景，電影中不但訴說了台灣光復初期社會情境與人民的生活樣貌，也為九份寫下深刻感人的生命故事，一部電影能帶動觀光的力量有限，但一個深刻、能引起集體認同、想像與共鳴的故事卻具有無限的強大魅力。九份的觀光魅力之所以持續至今，不是電影風潮的短暫流行，而是一個屬於台灣在地的故事在這裡生根、發酵、成長、轉變。

另外，與侯孝賢、蔡明亮並稱台灣電影新浪潮代表導演的楊德昌，其鳴世之作1991年電影《牯嶺街少年殺人事件》亦為一顯例。台灣電影工業沉寂多時，近年所謂「國片」才有死灰復燃之勢，中、新生代導演競出，鍾孟宏2008年以承德路為場景的電影《停車》，蕭雅全2010年取景於民生

社區富錦街朵兒咖啡館的電影《第36個故事》，陳駿霖在《一頁台北》中想要捕捉台北永不沉睡的充沛活力，在電影中台北呈現另一種媲美巴黎，充滿浪漫、美麗、豐富、又帶有異國情調的愛情聖地。這些影像作品皆讓我們看到了台北城市文學地景塑造更大的可能性。

除台北之外，蔡岳勳的《痞子英雄》打造高雄做為國際級城市的港都形象，魏德聖的《海角七號》也讓恆春成為知名的旅遊景點，《賽德克·巴萊》讓霧社、林口拍攝地點成為熱門的觀光之處。

姑且不論這些作品的成就高低與藝術價值，就某個意義上，他們都在做一樣的事情，都是用自己的方式寫下屬於這塊土地的故事。這些看似不同多元的故事背後所訴說的其實是相同的，是台灣生命的原型，是我們集體的生命軌跡與認同想像，那將是我們過去歷史的累積，也是未來集體創作精神的泉源。

創意城市的故事從英國開始，慢慢在世界各地蔓延開花，每個角落都有屬於自己創意城市的故事，我們從十二位駐台代表所帶領的十二個不同國家的歷史文化巡禮中，發現不同國家的原型與各自生命歷程的轉變。創

---

53 文章內容可見南村落網站，http://www.southvillage.com.tw/。

意城鄉絕對不是只有地理與疆域、雄偉的建築與耀眼外放的物質成就，更重要的是生活在其中的人們共享的文化與價值認同。

而故事正是建構這些無形資產的寶藏，許多人正努力地書寫創造屬於我們自己的故事，從這塊土地上的每一個角落發聲，每一個小故事都隱含著無數的人生經驗、一段歷史記憶，還有一部分的集體想像。集體是沒有範圍的全部，沒有邊界也無法窮盡，只能透過無數的故事探索、表達與傳承。真正能夠打動人心、引起共鳴的不是外在的形式與物質成就，而是那些無形的、碰觸到內心最深處靈魂的情感元素，那些是所有文化與人類文明的共同根基，是超越時間與空間的存在，是我們探索一切的起點與終點，那就是我們共享的原型。

一個社會的故事原型即是價值，價值決定了文化，隨著時間的不同，價值也會轉變，而歷史是增加文化的厚度，這些都是構成城市與眾不同的特質所在，也是城市的靈魂所在。

文化的底蘊是創作的原動力，並與創意城鄉的表現互為因果，創意城鄉已經從數字、產業別與產值回歸到人心的部分，因為有了故事，才有源源不絕的創作動機，才能造就永續的城鄉。台灣自第三波資訊產業經濟後，文化創意產業被視為第四波的經濟動力，台灣對於行動科技的領先優

勢提供了文化創意產業前所未有的契機，像是地理定位社群服務（Location Based Service）提供了創意城鄉無限的想像空間。從台北街頭的創意繁花盛開來看，台北已經進入了微創意、微創業的時代。在全球化時代，台北做為一個創意城鄉得以實踐自由與民主兩種普世價值。正值台北邁向2016世界設計之都前進的時刻，當我們需要向全世界訴說這是一個如何的以人為本的城市，創意城鄉敘事學也正提供了傳遞創意城鄉建立品牌的一個開始，一個城鄉的發展若借重故事力做為凝聚所有使用者的想像與需求，則城鄉發展即能夠得到多元社群最大共識，進而成為一個亞洲城市中無可取代的亮點。想想，當我們登高台北101遙想倫敦的大笨鐘，海的子民們在地球的兩端，有著同樣對海的嚮往；義大利廚師在夜市巷弄吃著熱騰騰的蚵仔麵線，一口口熱氣煙氳的小吃料理，也有著滿是思念媽媽的家鄉味；永樂市場的花布、印尼的Batik服飾，一針一線交織出日常生活的紋理與城市的圖像。不管是生活在哪個國家的人們，我們都呼吸著同樣的空氣，都努力投身於這片土地上，希望耕耘出美麗的果實。

　　生活在當下、創造未來，相信您也衷心希望能為這片土地，刻劃出時代更迭也帶不走的精神。現在，就請您也來開始說說自己的故事吧。

附錄
傳奇與認同
刻板印象或故事原型在城鄉品牌的應用

「成功的品牌之所以變得價值連城，不只是因為這些品牌具備了創新的特徵或優點，也是因為這些特質已經被轉變為強而有力的意義，它們已經擁有一種普遍且巨大的象徵意義。」

（Mark & Pearson, 2002: 21）

本文主要目的是提出以地方故事與傳說打造創意城鄉的凝聚力與新生命，透過故事的傳誦與認同感的建立，不但可以讓當地居民形成一種歸屬感與共同體，也可以在其他人的眼中確立一種有效積極的地方品牌形象。不同於由上而下政策性的宣傳與策劃，這種由在地歷史記憶與集體經驗出發所打造的地方故事與傳奇，更能打動人心，能穿越時空的限制，塑造更長久穩固的地方品牌形象。

本文所謂的「城鄉」，並非一個被動、既定的自然地理概念，事實上，任何的地理實體同時也是文化實體。我們所討論的任何地域空間都不會是中立真空的存在，而是被人類的各種權力運作，包括政治、知識、文化、道德等權力運作所形塑而成。因此，只要是集體聚落，不論是城市、鄉村、社區、甚至國家，都需要透過建構一套屬於自己的故事與論述體系，來賦予生活在其中的個體認同意義與共同值得追尋的文化價值。創意城鄉可以是世界上的任何一個地方、任何一個區域、甚至任何一個抽象或具象的組織，只要生活在這片土地上的群眾對此具有相同的認同感與向心力，都有發揮創意城鄉的潛力與可能。

正因為透過人類的共同活動，包括文化、社會、政治等不同因素的影響，才能形塑出每個區域不同的樣貌，賦予均質的空間不同豐富的生命意義與多元特色。也因此，每個地方都發掘原有獨特的文化基礎，並發展出與眾不同的創

意潛力。但是在目前以經濟為主流指標的單一文化支配下，每個城市的發展模式日益趨近，慢慢的失去訴說屬於自己在地故事的能力，也往往忽略了建構論述本身其實就具備影響現實的能力以及改變世界的可能。

馬克與皮爾森（2002）曾提出「意義是一種品牌資產」，成功的品牌之所以價值連城，不只是因為這些品牌具備了創新的特徵或優點，更重要的是品牌內化了原型的特質，它們已經擁有普遍且強大的象徵意義。這些意義所訴求的是人類最深層的原型，而銘刻在我們心理結構中的印記，影響我們喜愛的藝術人物、文學人物、以及世界各大宗教和當代電影中的人物。

原型式產品形象直接與消費者內心深處的心靈印記對話，並喚起他們對品牌的認同、深化品牌的意義。原型意象所發出的訊息滿足了人類的基本慾望與動機，也釋放了深層的情感和渴望。這些原型的意象和場景，召喚著人們去滿足他們基本的人類需求和動機。原型品牌和故事都是讓人熟悉的，因為它們屬於我們的內在生命，這些品牌會創造歷史，變成我們共同的故事與記憶。

有鑑於此，本文將這概念應用在打造台灣城鄉品牌上，說明如何將地方的傳奇故事與刻板印象轉化成為一種具有意義的品牌資產。本文將先以簡述台灣地方品牌的發展經驗與侷限做為開端。再以宜蘭為例，簡單說明如何透過傳奇與故事新的手法，創造新的傳統與歷史記憶。

台灣創意城鄉發展的經驗
擺脫工業發展的迷思——以宜蘭為例

「從文化地理學的觀點來看，國族性（Nationality）不只是政治或法律地位，更涉及人們相信自身擁有的社會特徵，同胞共有的文化根源。文化認同經

過世代傳承，會強化該文化具有的空間場域且充滿族群或國族的觀念，形成
『血與土』的結合。」

（M. Crang, 2003）

　　因為身處在同一塊土地上，經歷了時間的演變與歷史記憶文化的傳承，
人類就此相信擁有共同的文化根源與認同，同時也把這塊土地視為故鄉。因
此，對這塊土地產生了獨一無二、無可取代的情感，這些情感的建立是透過生
活中的各種線索、歷史歲月的集體記憶，一點一滴累積起來深厚的情感底蘊。

　　為了理解文化認同與城鄉品牌的關係，本文將以台灣發展經驗作為論述的
起始點，介紹台灣文化創意產業發展的歷史脈絡；再以宜蘭發展為例，具體說
明台灣創意城鄉的發展經驗；接著再回顧台灣目前累積的相關創意城鄉論述，
並指出本文可能的貢獻與發展。

　　宜蘭縣地處台灣東北角，全縣有十二個鄉鎮市（含兩個山地鄉），面積
2143.6251平方公里，原本因資源有限與發展經費不足，在省府時代，曾被列
為最窮三級縣。然而，宜蘭卻能在工業條件不足的地理劣勢中，走出自己一條
發展路徑，率先以文化與觀光產業作為地方發展的優先目標。[1]

　　宜蘭擺脫工業發展模式的迷思濫觴於1980年代，當時正值台灣威權統治
開始鬆動的年代，與宜蘭特殊的發展脈絡匯流出一種不同於台灣西部城市追求
工業化經濟成長的發展想像。當1982年陳定南以黨外身分入主地方政府時，

---

[1] 陳定南擔任宜蘭縣長時，在綜合發展計畫中明訂將以人民安居樂業、休閒娛樂之最佳地區為發展
　總目標。游錫堃繼任後，更以文化、觀光、產業立縣為施政宣言，之後更在民國八十五年紀念宜
　蘭開蘭兩百週年的慶祝活動中，讓宜蘭成為受注目的亮點城鄉，甚至催生了國際童玩藝術節。

不但面臨資源分配不均的窘境，更缺乏中央政府的支援。因此，為了突破發展困境，新地方政府開始思考宜蘭的未來。首先對宜蘭的自然與人文資源進行調查，考量到縣政府的財力與顧及地域均衡發展和宜蘭長遠發展的問題，決定開拓觀光資源，並委託當時的台大土木研究所都市計畫研究室（後擴編為城鄉所）為宜蘭的觀光整體進行規劃。（鄭生、陳雪，1994）同時，環境保育的政策訴求也成為宜蘭基本的發展訴求。

新地方政府將環境保育和觀光發展設定為宜蘭發展的基調，並開始進行大型觀光工程的規劃，如冬山河風景區、宜蘭和羅東運動公園等。之後的宜蘭縣長游錫堃更在上述景點舉辦大型觀光活動，例如國際童玩節、西式划船比賽和歡樂宜蘭年等，加上地方社區的營造活動，宜蘭的觀光產業逐漸打出知名度。結合環保訴求、文化元素和地方產業等的觀光產業，直到目前為止仍是宜蘭發展的主軸，同時也讓宜蘭擺脫落後發展形象，並建立了高度的居民認同。[2]

相較之下，同樣在台灣東岸的花蓮就沒有擺脫工業發展模式的迷思。當時花蓮同樣面臨地方發展困境，雖然也訴求發展觀光產業，但花蓮地方政府更企望擴大二級產業建設來帶動地方經濟發展。所以隨中央於1990年代開始的「產業東移」口號，花蓮縣政府於1994年完成「花蓮縣綜合發展計畫」，即以「產業東移」為基礎進行規劃，希望觀光與工業發展並進。花蓮亟欲引進各種工業的結果是，在先天工業發展的競爭環境的弱勢下，只能引進對地方生態環境掠奪性高以及具有高污染與破壞性的產業，例如水泥、砂石採取、紙漿產業等，加以對這些產業的低度環境管制，結果工業發展影響環境生態，造成既無法吸引工業又破壞觀光發展資源的窘境與矛盾。（徐子婷，1996）

由此可知，不同的地方政治發展脈絡是影響花蓮與宜蘭不同的發展路徑的主要原因之一。在宜蘭1980年代的環境運動過程中，地方政府、地方的反對

勢力和民間團體，都扮演了重要的角色，透過彼此力量的連結和相互動員，成功捍衛地方的發展想像。相對於花蓮反對勢力的薄弱與國民黨在花蓮政治中的優勢，地方政治人物無須用心經營選票，在這種惡性循環下，地方政府在面對發展困境只能寄望中央政府的施捨和工業發展，但卻又面臨中央資源分配不均和工業發展的效益邏輯，使花蓮的工業無法發展。透過宜蘭與花蓮的發展經驗比較，我們了解地方發展必須要有一致且明確的發展目標，地方政府和民間力量都是地方發展的重要行動者，缺乏對地方特殊發展位置的現實視野和考量，以及地方政府的行動參與，地方自主的發展將難以跨越。（沈嘉玲，2007）

　　總的來說，我們也許很難用成敗來評論宜蘭地方政府堅持發展文化觀光產業的路徑，但從客觀的分析數據可知，宜蘭國際童玩節確實帶來極大的效益，宜蘭國際童玩節從1996年開始舉辦，第一年推出就吸引19萬名遊客入園，之後入園人數逐年增加。根據宜蘭縣政府委託世新大學觀光系調查，光是前五年宜蘭縣政府的產值就成長了5.41倍，總計已經為宜蘭帶來了18億元產值。[3] 除了童玩節本身創造的經濟效益之外，以每名遊客平均可帶來1,523元經濟產值

[2] 從1982年新的地方首長上任以來，宜蘭縣政府重新思考和規劃宜蘭發展的方向，宜蘭開始挑戰中央政府的威權，包括反六輕和反蘇澳火力發電廠等中央重大經濟決策，以及在電影院不唱國歌、政府相關機關不掛蔣中正遺像、不用每天升降國旗等象徵中央威權的儀式，這些對中央威權的反抗，是宜蘭走出自己道路的開端。在1987年左右兩個大型中央和民間投資——蘇澳火力發電廠和第六輕油裂解廠同時看上宜蘭，分別預計在蘇澳和利澤工業區設廠，但受到來自地方民眾、團體與地方政府的反對下，最終宣佈放棄設廠計畫。宜蘭這兩個重大的預防性環境反對運動，是影響宜蘭後來發展與環境政策走向的重要里程碑。（沈嘉玲，2007）

[3] 根據調查結果顯示，外縣市遊客佔了81.79%，其中有70%的遊客來自北部；75%的遊客是專程到宜蘭參加童玩節，78%的遊客表示會推薦給其他朋友，另外有77%表示未來會繼續來宜蘭旅遊。（吳宗瓊，2000）

估算，等於為宜蘭創造了10億元經濟產值，受惠最大的是餐飲業，其次是住宿、交通與農漁特產品。（《聯合報》，2001/8/13，第九版）

除了經濟上的具體效益之外，也產生了可觀的無形效益，包括對地方政治的認同與在地的向心力，根據《遠見雜誌》1996年針對全台各縣市民眾進行縣長鎖定為發展方向認同程度調查，宜蘭縣以78.6％位居第一，1996、1997年對全台各縣市居民調查，民眾對居住在宜蘭的認同度與光榮感也是全台第一。（《遠見雜誌》，1996/11/15，頁54；1997/11/15，頁55）

當然，宜蘭能成功走出一條不同於工業發展的道路並不是偶然的幸運，發展觀光也不是解決地方發展困境的萬靈丹，很多地方政府誤以為只要模仿成功案例，依樣畫葫蘆就可以取得成功的捷徑。事實上，與其說觀光產業讓宜蘭發光發亮，不如說是宜蘭的在地力量，包括地方政府與當地居民的努力與集體共識，共同完成一個屬於集體的理想與發展目標。如果一個地方具備這種深層的文化力量與精神，將能克服各種發展困境，找出屬於自己的道路，觀光產業只是可能的選擇之一。但台灣許多城鄉發展並沒有認清這點，一味追求所謂的經濟發展，甚至是看到新竹科學園區的成功，一窩蜂的投入興建許多不知所以然的「科學園區」，這些都是沒有認清與掌握在地文化的精神。

宜蘭縣在台灣已經累積出引以為傲的文化的、清新的城鎮形象，這股城鎮光榮是塑造身為宜蘭人產生高度地方認同的因素。強而有力的地方政府主導改革是宜蘭成功轉型的重要推力，相較之下，花蓮與雲林就沒有這麼幸運，和上述花蓮的政治結構類似，雲林一直以來也是國民黨獨大的政治環境，在政治保守氛圍下，許多發展創意難以突破。

雲林是農業大縣，長久以來國民所得偏低，這是當年六輕在宜蘭、桃園設廠受阻，最後落腳雲林的主要原因。然而六輕運轉至今，對於雲林地方發展並

無幫助，設廠後的污染對於附近村落影響嚴重，在公害糾紛、爭取回饋時，六輕反而變成一個凌駕國家權力的特區，對居民與地方政府各種索賠與回饋聲音相應不理，造成附近居民怨聲載道。（陳秉亨，2005）

　　從六輕設廠的經驗足以挑戰以前的經濟發展迷思，盲信開發工業區等於發展地方的神話，最初因為地區貧窮而歡迎工業區進駐，但設立工業區之後不僅沒有為地方帶來預期的發展，反而對附近漁民與一般居民造成極大的環境污染影響。不僅如此，工業區設立之後，台塑昔日提出的願景幾乎全數落空，地價大跌、交通問題、色情與治安問題、以及社區發展遲緩問題，都是當地居民始料未及。

　　在麥寮設廠過程中，中央政府與地方政府都沒有負起相關責任，不論從稅制的分配、環境污染的把關、公害糾紛的調處、附近漁業的減產，都不見政府負擔起照顧弱勢人民的生計責任。在公害糾紛中也不見地方政府積極協助弱勢人民，反而讓漁民陷在冗長的訴訟，或是沒有足夠的調查資金與技術，造成漁民缺乏有力舉證，導致無法求償的困境。（陳秉亨，2005）

　　相較於宜蘭在設廠前的反抗運動讓運動人士較具正當性，而雲林地區事後的反抗運動大多讓人覺得只是少數人為求補償金的個人行為。

　　當年宜蘭縣長是黨外人士，為了凝聚民意，以反六輕作為施政方針；桃園縣也有國民黨與黨外勢力的競選壓力，相較之下，雲林縣仍然是國民黨一黨獨大，沒有強力的反對勢力，或許正是六輕順利設廠雲林的主要原因。如果當時反國民黨、反公害是一種追求自由人權的運動，那雲林無疑是國民黨勢力與污染工業的避風港。這或許某種程度說明資本主義固然是破壞環境的兇手，但是漠視人權才是更重要的環境殺手。（Shapiro, 2001；引自紀駿傑，2003）

　　從麥寮設廠這個案例可以看到政府為了追求經濟成長，犧牲有限寶貴的自

然資源、補貼財團卻疏於照顧百姓的經濟政策，甚至可以看見財團掌握媒體發言權，專家學者、地方黑白道對抗漁民求生存的抗爭，看到財團操作台灣與中國、台灣與世界、縣市與縣市的競爭心態，達成抵制力量最小、優惠最多最有利的設廠條件。（陳秉亨，2005）

　　從上述三個城鎮的發展經驗，可以看出地方政治結構對在地經濟發展模式的影響，城市品牌與一般企業商品品牌形象最大的差異就是在城市品牌經營過程中，政治因素的介入與影響，強大正面的政治力量可以突破地方發展困境，帶領在地居民走出一條與眾不同的發展路徑，並且能藉此凝聚在地認同與向心力。相反地，如果是強大負面的政治力量，極有可能癱瘓地方發展的潛力，瓦解在地居民的認同與向心力。

　　檢視以上所整理國內目前的相關研究，很少從發掘地方精神層面與凝聚在地認同出發，只有少數學者指出在地精神的重要性，例如王伯勛就指出社區總體營造應該是一種地方真實需求所延伸的集體共識，透過各種資源的利用與再生，達到地方民眾理想的階段性目標，而且是在「沒有負擔」與「心靈喜悅」的情況，一群人攜手努力的共同成果。分享、喜悅與投入是地方經營需要的核心精神。（王伯勛，2004）

　　駱焜祺的研究中也透過訪談者指出：「節慶應該是一種比較偏向文化符號的表現，比方媽祖誕辰，它的表現就是廟會，就算是用觀光節慶去行銷或包裝，也不能失去文化層面。如果以元素來看，它應該是一種由當地居民發自內心、實際參與的生活性表現，而非只是複製或表演；從觀光客角度來看，這樣才會有深刻的感受，否則最後的反挫會很大，就像九份。」（駱焜祺，2002：50）雖然駱焜祺的研究沒有進一步針對節慶活動的文化內涵與在地認同進行分析，但從訪談者的資料中可以看出，任何成功的節慶活動與觀光盛典不只是

簡單行銷策略的模仿與應用，而是需要對當地文化更深刻的體會與認知，並且能將這種獨特的在地文化轉化成通俗、能被大眾普遍接受的文化符號與品牌象徵。

至於強調用故事來打動人心的論述更是少見，劉大和（2003）在〈商圈再造與地方文化觀光的經營〉一文中提到，美感、價值和故事構成的基本概念，是成為地方生活的要素。在健康、文化、教育、景色、產業的綜合作用之下，地方鄉村展露出觀光型態的價值，除了能推動地方產業和活絡經濟，也能兼顧地方傳統文化保存和居民生活品質的提升。

另外，更直接相關的研究是廖美玲（2009）碩士論文〈用故事打造節慶品牌的客家桐花祭之研究〉中，以品牌管理的視野探討客家桐花祭故事涵養的建構，分析節慶產業化如何形成品牌，揭示如何透過說故事的力量打造一個特殊的文化節慶品牌。

本文強調所謂的創意城鄉不只是模仿抄襲，一般制式化的政策規劃與執行很難發掘出在地文化的真正精神與意義，創意不是傳統的反義詞，相反地，許多震撼人心的創意都是能夠掌握傳統的精髓並改良令其創新。

用傳奇故事打造城鄉品牌

「喜愛故事是天生的，然而生活的規律反覆磨損了我們對於故事的敏感，同時也就弱化了說故事的本事，如果重新培養了說故事的能力，那就能夠在故事貧乏的時代，刺激創意並創造價值。」

——楊照

台灣城鄉品牌的發展經驗，大多以社區總體營造、地方文化產業、發展地

方觀光旅遊為主，至於以地方傳奇或神話故事作為城鄉品牌印象的資源，少之又少。如果只是以表面的符號與圖騰，例如阿美族的布飾、蘭嶼的丁字褲、客家花布、屏東的黑鮪魚等象徵來行銷地方，那只能看到陳腔濫調的消費經濟，無法觸及更深層地方文化資產的精神與價值。這些精神與價值必須透過地方故事與傳奇來傳承，然而，故事之所以有其價值，是因為它們是來自人類的原型，具有普遍性的情感基礎，能引起同情共感，也能兼具無可取代的地方特殊性。

參照國外的發展經驗，像英國就能善用英國文學中的地景與意象結合旅遊導覽，例如National Trust規劃的珍·奧斯汀（Jane Austin）的文學與電影之旅；以及紐西蘭的魔戒之旅等。這種來自於地方故事與文學資源的創作力量是相當可貴且重要的，應用在台灣本土城鄉品牌上，我們可以從台灣文學資源中尋找許多想像與感動，這種魅力不但可以形成一股超越經濟論述的力量，也可以賦予地方更多的意義與價值，而這些也都是成為地方品牌的重要資產。事實上，台灣已經有些地方充滿了故事性，例如淡金公路上石門的十八王公廟、八里的廖添丁廟都因為傳說，而吸引眾多信徒，香火不斷。可惜的是這些傳奇所打造的熱門景點都是偶然的結果，並不是地方有意識的應用文學資源或故事傳奇打造城鄉品牌的成果。

其實，豐富的歷史脈絡與故事傳奇能有效的增加地方的魅力與意義，一顆拿破崙坐過的石頭，就不會只是一顆平凡的石頭。就像搭乘迪士尼的雲霄飛車，就不會只是搭雲霄飛車；在迪士尼樂園裡頭用餐也不只是填飽肚子，而是走進一個童話故事，體驗故事的美妙。

這種傳奇的魅力在義大利處處可見，即使是位於義大利最南端的離島——薩丁尼亞島也不例外。傳說在地球混沌未明之時，天神的腳踏入泥土留下了一

個足跡，就變成地中海中央一個美麗的薩丁尼亞島。在島上還有浪漫的愛情傳說，凡是在薩丁尼亞島生活過的人都能獲得永恆的愛情。這些傳說故事和我們熟悉的中國民間傳說故事，如狐仙報恩，情節相當類似，都是乞求永恆的愛情、子嗣的延續、天神的庇佑等劇碼，這並非是一種偶然的巧合，而是顯示出超越文化區隔，也是最根本、原始人類社會組織的共同型態，並反映了當時人們的心理狀態。

　　義大利還有另外一個充滿傳奇的城市——馬特拉（Matera）。馬特拉是很多電影拍攝的地點，最有名的就是《基督受難記》（*The Passion of the Christ*），據說導演梅爾‧吉勃遜（Mel Gibson）因為這城市像極了兩千年前的耶路撒冷，而挑選這個地方做為電影拍攝現場。連英國Fodor's指南都說：「馬特拉的居民是世界上唯一可以自誇他們現在還住在與九千年前祖先所居住相同的房子之中。」這段話足以看出當地的特殊面貌並沒有隨著時代而改變。事實上，這城市原本的形象是極端的貧窮落後，因此當地居民的生活水準沒有隨著現代化的發展有所提升，還維持在相當古老、未開發的狀態。後來會引起義大利政府關注此地居民的生活，是由於一位反法西斯的義大利作家勒維（Carlo Levi），他曾經因為政治因素被流放到此地，他寫了一本著名的小說《耶穌停在伊波利》（*Cristo si è fermato a Eboli*），在書中提到此地人民生活的艱難，甚至形容馬特拉人民的生活簡直就是但丁小說中地獄的場景。這本小說引起義大利政府與國際間對馬特拉的關注，在1950年代義大利政府強制當地居民遷移到鄰近較為現代化的城市，並且透過聯合國文教基金會的協助重新修復這個區域，而加上好萊塢電影取景的推波助瀾，這個地區目前已經是南義重要的觀光景點之一。

　　當然，負面的刻板印象也會讓人裹足不前，例如戰亂頻傳的國家，中東的

伊拉克、非洲的奈及利亞、利比亞等地，這些地區通常讓人避之唯恐不及。南非總統姆貝基（Thabo Mbeki）就曾在非洲經濟論壇會議上指出，即使非洲經濟表現良好，平均經濟成長率達5.5%到5.8%，但非洲並沒有正確的向其他世界傳播好的一面，致使無法扭轉外界對非洲的負面形象。非洲奈及利亞中央銀行總裁索魯多（Chukwuma Soludo）也指出國際社會對非洲仍存有「CNN效應」，也就是，國際社會只強調非洲的災難並傷害非洲的形象。電視上出現非洲的新聞時，總是有關災難、蘇丹達佛地區兒童又有多少人死亡等負面訊息。（劉正慶，2006）

另外，政治集權國家也讓人充滿了不安全感，例如北韓、古巴、中國等地，在這些國家停留往往有許多顧慮與政治上的安全考量，尤其在資訊被控制壟斷之地更是如此。中國雖日益開放，但在資訊管制與政治言論方面仍有嚴格的限制，例如在中國就無法使用臉書或進入其他牽涉政治敏感議題的網站。但即便像這些集權國家也懂得善用故事或傳奇的力量，如古巴，「卡斯楚在一場電視轉播的演說中，向古巴人民承認蔗糖增產計畫失敗，卡斯楚把愚蠢的政策，講成了一個英雄受難受苦的故事。失敗讓人厭惡，然而英雄失敗的悲劇故事，卻會引來同情與諒解。」（楊照，2010）不同的是，這些集權國家只容許單一神話的自由。

相較之下，台灣其實自由開放許多，政治氛圍會影響該地的自由空間，越自由民主的國度才能給予人們越多的安全感與確定性。不過我們也曾經經歷極權統治的時代，在高壓政治體制下往往只有單一歷史、單一神話，因此台灣很多地方的發展與經營也是去歷史脈絡、去神話傳奇，因為歷史與神話都可能形成顛覆現狀與挑戰傳統的創新力量。

有鑑於此，台灣現在已經轉型為民主自由的社會，應該更珍惜歷史與傳奇

所能帶來改造社會的力量。接下來本文將以台灣宜蘭的在地故事，來說明用傳奇故事打造城鄉品牌的可能與潛力，前文已經提到宜蘭發展的歷史脈絡與政治經濟結構，這些發展脈絡形塑了宜蘭的地方政治特色與經濟發展模式，而自由民主的政治氛圍也醞釀了宜蘭地方傳奇創造的空間與自由。

聽他們都在訴說宜蘭的故事

一、文學地圖——記憶中的桃花源

「任何一個村鎮或城市，要有美麗的風景，少不了一條河。它會為人們唱著搖籃曲，會為人們輕輕扇起清涼的微風，會為人們敘說著世世代代的故事。宜蘭河自不例外。它曾經是一條流淌著糖蜜的河流，是一條說著故事的河流，如今依舊繞著宜蘭人的枕邊輕輕吟唱。」

（吳敏顯，2010）

美國作家韋爾蒂（Eudora Welty）曾說過：「小說與地方的生活密不可分，地方提供『發生了什麼事？誰在那裡？有誰來了』的根據——這就是心的領域。」在最基礎的文學要素中，地方、旅行與探險總是不可或缺的三件事。我們的詩、小說、戲劇，自身就能繪出世界的圖像。地方本身通常會被文學作品所改變，並從文學中萃取其意義與神話般的特色。正如梅爾維爾（Herman Melville）在《雷德本》（*Redburn*）中所述：「在某種意義下，幾乎所有的文學作品都是旅遊指南。」（Malcolm Bradbury, 2000: 3）

很多作家都有孕育他們作品的「土壤」，讀過川端康成《古都》的人就能感受到，作品中寫到的京都祇園祭，那樣富有宗教氣息又絢爛熱鬧的場景，正是他展現對日本文化愛戀的模型。喬伊斯（James Joyce）的《都柏林人》

（*Dubliners*）雖然寫於海外，但那個令人又愛又恨的愛爾蘭城市與人們，卻是寫作的動力來源。至於福克納（William Faulkner）的《喧嘩與騷動》（*Sound and Fury*）裡，美國南方密西西比河畔的村落，則是他用現代主義演繹繁複人性的鄉土空間。（陳柏青，2010: 22）

文學也是一種繪圖形式，但文學的唯一工具是文字，所有的線條、圖案都是透過文字的變化勾勒出來，用文字描述一個地方、城市、國家的輪廓；用情節刻劃在其中人物的豐沛情感與人性根本。文學不只是反映現實，也是形塑未來現實世界的積極行動者。一個地方越具有豐富地理人文資源與文化精神，將會賦予文學創作越多無限可能的力量，同樣地，累積越多文學創作的力量，也會打造出一個與眾不同、獨一無二的地方精神。宜蘭就是這樣一個地方，宜蘭特殊的自然環境孕育出一群熱愛鄉土、嚮往自然恬淡的作家，他們孜孜不倦的投入書寫蘭陽這塊土地的故事。蘭陽文壇人才濟濟，黃春明、林煥彰、李潼、邱坤良、吳敏顯、簡媜等人，都在國內文學界佔有一席之地。這些作家可貴之處不只是用自己的生命與文筆來孕育宜蘭的文學地圖，更重要的是他們透過具體的行動，催化宜蘭更多文學力量的萌生。[4]

其中最具代表性的例子有黃春明所建立的「黃大魚文化藝術基金會」，他還成立黃大魚兒童劇團，最初是於1994年創立於台北市，1998年首度在宜蘭地區招募演員，即以「戲劇扎根」為理想，除了開辦各式戲劇訓練課程，深入校園和社區教學巡演，並長期輔訓宜蘭縣復興國中少年劇團。直到2002年底，黃春明有鑑於在地的製作及演出班底日漸齊整，乃將該團戶籍遷回宜蘭，投入創作屬於宜蘭地方的兒童戲劇。黃春明自比為會說故事的「黃大魚」，悠遊於他的桃花源之鄉，希望能將文學的感動「演」、「說」成動人的故事，傳誦著鄉土民情與文學傳奇。他堅持童年的學習要在有趣的環境裡，因為一旦在

孩子的心裡埋下戲劇的種子，將來有一天會開花結果。他不想看到現在的小孩童年成長被壓縮在知識教育的輸送帶上。（馬岳琳，2009）

　　黃春明是台灣著名的鄉土文學作家，他不寫所謂的英雄人物，他的作品生動刻劃出在這塊土地上每一位平凡小人物的生命痕跡，不是媚俗的英雄傳記，而是默默打造出在真實世界中一個個踏實努力的平凡英雄。

　　在羅東長大的黃春明喜歡在宜蘭創作，他說「沒有文化的根是沒有創作的。」難怪他寫的〈兒子的大玩偶〉、〈看海的日子〉等鄉土文學創作，成為三十到五十歲台灣人記憶深刻的作品，因為他談台灣社會的改變與人心的變動，直指核心。（李雪莉，2004）宜蘭滋養了黃春明創作靈感的養分，他用「閱讀」描述自己與這片土地之間的關係，他讀遍了自己的出生地：「因為童年喪母，比一般的小孩有更自由的時間，用自己的雙腳，一而再，再而三地去讀遍我的出生地，還有鄰近的鄉村地理，同時也感受人文。」（丁明蘭等，2010: 212）

　　黃春明在〈用腳讀地理〉寫道：「我用我的雙腳讀遍我出生地羅東，還一再地複習。」黃春明小說中許多場景都是在宜蘭，例如〈城仔落車〉發生在從宜蘭往南方澳的公共汽車上；〈玩火〉設定在台北往宜蘭的列車上；〈跟著腳走〉在宜蘭街上，以及宜蘭往台北的火車上；〈看海的日子〉在南方澳；〈兒子的大玩偶〉在宜蘭的樂宮戲院；〈莎喲娜啦·再見〉在礁溪等等。雖然他不斷訴說自己故鄉的熱情與感受，但他也特別強調，地方並不是重點，更重要的

4　近年來宜蘭地方政府與民間也透過種種活動積極提倡文學，有由邱阿塗等人在王信豐、陳錦溏兩位先生贊助下，為激勵莘莘學子創作而舉辦的「文雨飛揚」青少年文學獎；有黃春明創辦的《九彎十八拐》雜誌。

是人，他最終關懷的核心價值還是「人性」，強調人性的存在才是所有故事的核心。

> 「每一個人他都會先認識自己，認識自己的地方，到某一個程度那就是一個世界，好像什麼都不欠缺。一個世界（指某一地點）容納一個人在上面活動，這個世界的人雖然對別的地方的人來說是很生疏的，但是這些角色，這些人的活動與人性，對這個世界以外的人來說卻都是很熟悉的。所以對這地方，我們不是在介紹，不是在寫地方誌。但寫小說總要有個時間地點，對於地點，虛擬一個地方也沒有關係。當然也有可能是真實的地點，但不管是虛擬或真實，對小說的創作並無太大的關係。重要的是人物在上面的活動與人性的呈現。」

（丁明蘭，2010: 214）

與其說文學作品是一份認識地方的地圖索引，不如說文學往往能刻劃出超越地方、時間存在的普世情感與人性價值。我們不需要生活在巴黎、倫敦，也能被巴爾札克或莎士比亞所感動，同樣地，我們不用同為宜蘭人而能感同身受，透過黃春明的作品，我們能感受到那種因為生活壓力必須遠離故鄉、離開自己熟悉的土地與人事物的矛盾情感；每個人心中都有一個故鄉，那是一種想要遠離現實世界與競爭壓力的渴望。而在黃春明的作品中，宜蘭具現了每個人內心中的共同理想與渴望，那就是對城市生活競爭壓力的厭倦以及對自然悠閒生活的憧憬，宜蘭轉化成為一個天真者想要尋找的桃花源。

另外，李潼也是一位備受矚目與討論研究的宜蘭文學作家，雖然他於2004年辭世，但他所流傳的幾部少年文學作品都具有強烈的宜蘭地域特色與多元文化特質。李潼出生於花蓮，卻選擇在宜蘭定居，並且致力於以宜蘭為主

要背景的兒童文學創作，其中包括：《太平山情事》、《少年雲水僧》、《少年噶瑪蘭》、《少年龍船隊》、《天鷹遨翔》、《火金姑來照路》、《四海武館》、《夏日鷺鷥林》、《望天丘》、《野溪之歌》、《順風耳的新香爐》等超過七十本出版品，他的少年小說多是具有鮮明的本土意識、宜蘭特色的鄉土文學作品。青年時期的李潼正值鄉土文學論戰與本土化意識的萌芽。中美斷交、美麗島事件等國內外重大變革一一發生，社會風氣逐漸趨向自由民主，因此李潼對於社會議題也開始有積極的看法。這一時期不但影響了之後李潼參與民歌的創作，寫出充滿台灣在地氣息的〈廟會〉與〈月琴〉；對於之後創作少年小說，都具有顯明的鄉土文學特色。（賴以誠，2012）

　　李潼絕大多數的少年小說都以宜蘭為場景，其中又以《少年噶瑪蘭》最廣為人知，甚至被拍成動畫。噶瑪蘭是宜蘭的舊地名，也是住在這裡的原住民族群。[5] 據清代方志記載，噶瑪蘭族於1830至1840年之間南遷，其中以加禮遠社為首的一支遷到現今南澳附近。或許受此考據的影響，李潼把《少年噶瑪蘭》的主要場景擺在南澳，以及漢人進入宜蘭的通道「草嶺古道」，書中藉由潘新格的眼光，相當抒情地對比了古今時空中的這兩個場域。在小說中主角潘新格融入噶瑪蘭族的生活後，深刻體認到保有土地的重要與族群認同的必要性，他透過主角潘新格在小說中一再強調：「不要輕易把加禮遠社的土地讓給人。」「沒有土地的人，就沒有地方住！」（李潼，2004: 304）強調土地對於族群的意義與重要性。

---

[5] 這本小說寫一位名叫潘新格的少年，原本無法接受自己的噶瑪蘭血統，後來在偶然間穿越時空回到西元1800年，和加禮遠社的噶瑪蘭祖先成為朋友，才逐漸認同了自己的根源；在小說中他同時見證了噶瑪蘭人在漢人入侵蘭陽平原後如何失去了自己的土地。

李潼在「台灣的兒女」系列小說中，無論是《太平山情事》呈現出太平山林業的開發歷程；在《開麥拉，救人地》中大進村小埤仔的開拓史，或是《火金姑來照路》中以宜蘭「本地歌仔」為主的大眾歷史，都是以近代宜蘭的開發歷程作為關照整體台灣開拓精神的縮影。

雖然李潼已經不在，但至今在宜蘭隨處都可以碰見李潼，他用宜蘭搭建起所有故事的舞台，在他七十多本創作中寫遍了宜蘭的十二個鄉鎮，在其中揮灑無限的創意與熱情。包括他的舊居，因為要興建羅東運動公園而被徵收，建成羅東運動公園中最顯目的「望天丘」，是羅東運動公園中最高的一塊類似火山形狀的高高凸出平台，讓人們可以便於觀星。李潼也因此用「望天丘」這個名稱與地形特色，創作了「噶瑪蘭第二部曲」同名科幻小說《望天丘》，書中講述外星人送來一百三十年前的清朝少年，也是以漢人開拓宜蘭歷史愛恨情仇為主軸的少年小說。雖然他早逝，但他的身影與創作卻在宜蘭每個角落流傳。宜蘭縣政府文化局也在2011年12月17日至2012年4月29日之間舉行「眷戀土地的遊子——李潼文學中的宜蘭」特展，在特展中特別設計一份李潼的宜蘭文學地圖，將李潼作品中曾經提及的地景標示出來，方便讀者參觀時可以按圖索驥，親臨文學地圖的現場重新感受李潼文學世界的神祕與奧妙。

當然，投入書寫宜蘭的作家不只黃春明、李潼，還有許多力量共同努力打造這份宜蘭文學地圖，如由宜蘭縣政府文化局出版的「蘭陽文學叢書」，從1992年出版第一本林煥彰《善良的語言》開始，至2011年已經累積有六十六冊出版品，都是宜蘭縣政府鼓勵縣籍作家發表作品的計畫，每部作品都在訴說蘭陽這塊土地的故事。以吳敏顯為例，他幾乎投注畢生的情感與精力在描述宜蘭這片土地的傳奇故事，他的作品眾多，包括《宜蘭河的故事》、《老宜蘭的腳印》、《老宜蘭的版圖》、《與河對話》、《沒鼻牛》等等，都是書寫著宜

蘭河的相關故事與歷史。他用自己的個人經驗，包括從祖父、父親到自己三代的宜蘭地圖來書寫宜蘭城的轉變。不僅如此，他還不斷訪談長期居住在宜蘭的老前輩，蒐集更多宜蘭地方的老故事與傳奇。

　　他寫下宜蘭許多在地傳說，例如烏石港的傳說，在清朝嘉慶元年（1796年）開發宜蘭的吳沙，率閩、粵兩省籍流民千餘人、鄉勇二百餘人，於9月16日進據烏石港南方後，便築土圍開墾，這就是「頭圍」。從此，烏石港被視為漢人在宜蘭的「發源地」。文人對烏石港景致之著迷，甚至到了光緒四年（1878年）河道淤塞、接著幾年之後一艘美國大型角板船觸礁堵塞港口，使整個烏石港變成大池塘及沼澤地之後，仍有不少文人對烏石港的昔日風光懷念不已。[6]（吳敏顯，2007: 87-88）

　　宜蘭還有另外一個引人注目的景點「龜山島」，因為其地理位置與形狀的特殊，被宜蘭人賦予許多特殊的意義與想像，也透過許多文學作品與傳說發揮該地景的特殊性，並且深化對當地居民的意義與重要性。例如李潼就曾這樣比擬龜山島：「當宜蘭人坐火車離鄉時，龜山島是送別最遠的親人；遊子還鄉時，它又是第一個迎接的親人。」（蕭富元，101）

　　還有許多關於龜山島的神話與傳說，據說宜蘭平原原本是海龍王最美麗、最受寵的一位公主，名為「蘭陽公主」，而龜山島是龍王宮裡頭所有蝦兵蟹將中，最為英勇又富謀略的一員大將。小倆口早已愛慕多時，私定終身，這事傳到龍王耳中，龍王震怒異常，將他們逐出龍王宮，並下令兩人永遠不得相聚。因此，我們現在看到的龜山島，遠離著蘭陽平原，孤懸外海。（吳敏顯，

---

[6] 大多數的人固然了解有關洪水及沉船造成烏石港淤塞廢置的史實，但他們卻更相信風水傳說。據說烏石港地理會敗掉，是港中有一隻鎮港的「青蟳」被人釣走的關係。（吳敏顯，2007: 88）

　　這些傳說與故事都賦予當地許多景點特殊的意義與情感，如段義孚所提到文學作品對呈現地景意義所發揮的功能：「許多地方對某些特定的個人或團體具有深度的重要性而卻沒有視覺上的凸出感。俗語稱之為心知肚明，而不是透過眼睛和思想去識別的，文藝著作的功能就可使親切的經驗獲得可見度。」（段義孚，1998: 155-156）文學作品確實可以讓自然地景產生意義，讓在地居民眼前強調它們的「可見性」，進而促進地方感或建立區域認同。烏石港是如此、龜山島也是如此，整個宜蘭對於當地居民、外來者也是如此，一個地方的意義與特殊性是需要透過各種形式來建構形塑，而文學只是其中的一種方式。

　　雖然這些文學描述的都是老宜蘭的生活軼事，但我們從這些古老的宜蘭傳說中看到的是我們共同的歷史記憶與遙遠過去，其所勾勒出的不只是宜蘭的老地圖，而是銘刻在所有台灣人身上，一起歷經的那段歲月，那段從農村發展到都市的歷史轉變。這群文學作家所嚮往的故鄉——宜蘭——象徵的是我們共同的故鄉樂土，那是在巨大的歷史轉輪下，我們都還眷戀乞求的一塊自然純樸、與世無爭的人間樂園。

　　正如馬來西亞兒童文學作家愛薇曾提到宜蘭對李潼的影響與意義：「我覺得宜蘭有它的文化特質……當然比宜蘭更美的地方我也見過不少……可是你就會發覺，它們好像還少了一樣東西，就是文化的底蘊。你看宜蘭有歌仔戲戲劇館、草嶺古道和其他的古蹟，這些都會有一定的影響。而且我覺得這文化底蘊不只是宜蘭的，也是台灣的。」（賴以誠，2012）

　　宜蘭之所以吸引人不僅僅是其具有特殊性，更重要的是普同性，宜蘭與台灣，甚至是世界其他地方共同的文化底蘊，正因為有其共同之處才能引發共

鳴，宜蘭地方文學作品中所顯示的不只是地方特色，還包括超越時空存在，人類之間的共同情感與精神，那正是所謂的「原型」。

二、築夢宜蘭——在宜蘭追求自己的桃花源

「黃聲遠在宜蘭深耕近二十年，在地表上建立了一個個立體據點，形塑了宜蘭人文風貌，現在只要提到『在宜蘭看起來怪怪的建築物』，都是黃聲遠設計的。而他的人文思考、社會理想，透過一個個立體小革命，滲透到台灣地表的經脈裡。」

（陳德瑜，2012）

在台北土生土長的黃聲遠選擇在他三十一歲時（1993年）離開台北，移居宜蘭。那年，台灣的建築業正蓬勃發展，黃聲遠擁有傲人學歷——東海大學建築系學士、美國耶魯大學建築碩士學位，並且拿下耶魯大學年度畢業榮譽獎及耶魯建築學院全院競圖院長獎，更曾代表美國參加義大利威尼斯雙年展第五屆國際建築邀請展，並獲選美國國家建築博物館1990年建築設計展。他在主流戰場上絕對有資格成為一個成功人物，但他卻毅然決然選擇離開一般人眼中的主流市場——台北，落腳到處是農田的鄉村城市——宜蘭。

「攤開宜蘭縣地圖，把黃聲遠的作品作下標記，一個小點連結另一個點，個別的點慢慢地輻射，不經意就形成另一幅地圖，屬於黃聲遠的建築地圖。有他這張地圖，就可展開一趟建築之旅。從北宜公路入口處開始，進入宜蘭礁溪鄉，竹林農牧場孵化室、礁溪林氏祖厝副公廳桂竹林、礁溪林宅、竹林養護院到礁溪鄉民代表會歷史建築整修活化工程，一路到宜蘭縣社福大樓、河濱公園西堤屋橋。再往西邊走，先是最近完工的楊士芳紀念林園工程，靠近山邊的員

山忠烈祠、三星張宅、三星展演廣場村，向東移，還有羅東鎮南豪里社區公園綠地美化工程、壯圍張宅等等。

　　把建築作品連成一幅建築藝術地圖，不只是黃聲遠個人魅力，還有一群相信他，以及和他有相似價值觀的人。」

（楊永妙，2002）

　　黃聲遠帶著他的理想與抱負來到了宜蘭，也吸引了一群和他擁有相同價值觀的年輕工作伙伴一起打拼，在宜蘭這塊土地上慢慢打造起一個個具有理念、非市場取向的公共空間與綠色建築。當然，他們能夠生存與茁壯需要當地人的包容與接納，雖然不是土生土長的宜蘭人，但黃聲遠卻以無人可比的熱情與能量在這片土地上打造出自己夢想中的桃花源。

　　「許多人都有偏好同類型環境的傾向——年代較久的市郊、新興郊區、城市、小鎮等等。身處在某種地方，身處在其價值觀、生活方式與印象的包圍之下，我們特別容易感到自在；我們每個人都有「地點認同」（settlement identity）。」

（Marcus, 2006: 273）

　　黃聲遠的建築特色是充分融合自然，他所表達的概念是天人合一，他的建築充滿了由地拔根而出的生命力。建築不應該只是人造的硬體設施，只是講究內部硬體設施的舒適與便利，更重要的應該是整體環境與使用者之間的契合。因此，他設計的作品外型絕不豪華豔麗，而是平實大方，有獨特的品味卻不需要昂貴。例如位於三星的張宅，有許多未經雕琢的石板，結合了宜蘭當地的卵石風格。礁溪林宅，建於湧泉之上，刻意放低窗框，讓屋裡屋外一樣的親水。

　　如果說巴塞隆納的建築地圖是由高第打造而成，那說宜蘭的建築地圖是由

黃聲遠打造出來一點都不為過。黃聲遠和高第的理念很貼近，他們都強調大自然的線條，重視協調與融合，討厭筆直的線條與冷漠無情的空間。因此，他們的設計作品都充滿了生命力與創造性，在忙碌匆促的商業世界裡頭有時會顯得極度突兀，但這反而是提醒著我們生命中的各種樣貌與可能。

　　黃聲遠落腳宜蘭的原因不只是親近自然，除了優美的自然環境之外，宜蘭還有更多吸引人定居的人文條件，例如崇尚自由、追求民主的氛圍。這也反映在黃聲遠的棚子建築特色上。他自己得意的說：「我在宜蘭蓋了很多大棚子。」「棚子是台灣特有的建築，適合台灣的氣候，棚子是很民主的、有公共性的。我想到台灣人的婚禮在棚子裡辦桌，廟會在棚子下，喪禮也在棚子下，民主演講會更是非搭棚子不能展現氣魄。」（陳德瑜，2012）單靠黃聲遠一個人的理想與力量是無法打造宜蘭這片建築地圖，更重要的條件是宜蘭當地的文化氛圍與政治民主，讓這些夢想的種子能夠在這塊土地上成長茁壯。宜蘭地方政府是很重要的推手，給予黃聲遠發揮的極大空間與舞台，如1995年宜蘭縣政府委託黃聲遠設計的社會福利大樓就極為著名，這座合院型的建築擁有一塊中央空地，可以在其中展開各種公共活動，各樓層的辦公室與走廊都能面向這個廣場，搭建出一個自由開放的公共空間。不同於城市設計的建築理念，黃聲遠特地把原來10米的道路變為6.5米，只為了讓人與人之間有更多相遇的機會；把城市的照明調暗，只為了讓鳥兒能多休息不被干擾。這些貼近自然田園的建築設計，都讓宜蘭更接近理想中的桃花源世界。

　　出生於台北的黃聲遠，對宜蘭的情感當然不同於前文所提到土生土長的宜蘭作家對故鄉的眷戀與懷舊情感，但相同之處是他們都致力於訴說這塊土地的故事，一邊是從集體記憶與生活經驗中去萃取故事的精華；另一頭則是從自己的夢想出發，逐步撰寫打造新的宜蘭傳奇故事。就像黃聲遠設計的宜蘭誠品書

店所傳達出來的理念：

> 「他日濃蔭懷舊澤，聽人談說九芎城。」
>
> 書店內儼然成為一座縮小的宜蘭城。
>
> 熟悉的紅磚矮城牆與枕木平台，鐵柱狀的書塔加上宜蘭河意象蜿蜒其中，自然的形貌隱隱涵蓋於整座書店。宜蘭的故事將從這裡於焉展開。因著城牆上遍植的九芎樹，於是人們恆常記憶著久遠以前城市的名字。將書頁模仿著樹幹的模樣堆積成塔，連顏色都假裝得一模一樣；在十年樹木的森林裡，多添上萬年的壽命。從好久好久以前，人們把每刻時光嵌印成故事，時間使書冊茂然成林；於是從今而後，我們開始在這裡閱讀，說宜蘭的故事。[7]

不管是用文字說故事，還是用建築說故事，他們都用生命打造一個夢想中的天堂。重要的是宜蘭提供了這些人作夢、圓夢的空間與可能。黃聲遠曾在成都雙年展國際建築展上播放了對田園的理解與描繪影片，影片中他寫下一段文字：「自由，是最窩心的生活品質，相互支援、體諒；原來，『田園』早已跟在這群年輕人身邊。」（滕楊、鐘茜，2011）確實，宜蘭不只是一個美麗恬靜的田園鄉村，也是一個讓敢於擁有不同風格、有別於主流市場夢想的創作者發揮自由想像的世外桃源。

結論

> 「我們需要一個形象來把自己畫給自己看，我們需要一則神話來把自己說給自己聽。」

—— 張曉風（引自陳柏青，2010）

就如張曉風所言：「寫作，就是一種發明。」許多作家終其一生都在尋找萬物背後的故事，而世界是他們發掘、深挖故事的土壤，一旦故事被創造出來、被流傳、被歌頌，又讓整個世界變了樣。

只要願意就可以發現世界上每個角落都埋藏著許多值得被訴說的故事，這些故事的傳誦會賦予這些地方獨一無二的存在意義。不論是從商品行銷概念出發的品牌塑造、或是面臨全球化競爭下發展國家品牌形象的壓力，這些形形色色的行銷理論所傳達的基本精神是一致的，那就是唯有找到屬於自己獨特的定位與意義，才能走出與眾不同的成功之途。

打造創意城鄉也是如此，要結合在地資產，包括有形的自然資源與公共建設，以及無形的人文與文化寶藏，找出屬於當地特殊的文化特色與在地精神，唯有掌握到當地文化的深層精神，才能打造出超越時空侷限的不朽傳奇。

創意城鄉的品牌塑造與維持，遠比商品或企業品牌的經營更加困難與複雜，其中政治因素的變遷是影響的重要關鍵，從宜蘭能成功打造出一個健康清新的觀光、文化、環保之鄉的形象，對照之下，花蓮雖然擁有豐富多樣的自然資產寶藏，卻因政治結構的限制，遲遲無法放開以工業帶動發展的迷思，沒有足夠的積極勇氣做出大幅度的改變與創新。另外一個比較負面的例子是雲林的麥寮，也是受限於地方政治結構因素，接受了台塑六輕的設廠，不但造成許多環境污染問題，也造成地方發展的許多限制。這些城鎮發展的成敗會深深影響當地居民對自己土地的認同程度，例如宜蘭人越來越強調自己與土地的特殊情感，也越來越重視並重新書寫關於宜蘭在地的歷史記憶，這些對內會進一步加強當地居民的向心力，對外會吸引更多外來者到訪，不論是停留或觀光探訪，

7　誠品宜蘭店網站http://blog.eslite.com/yi-lan/about。

人們往往是喜歡有故事的地方。

相反地，一旦城鎮發展陷入停滯，地方問題層出不窮，在地居民對土地的認同感會降低，向心力也會減弱，當地居民離開的意願會越來越高，當然也不會有外來民眾願意居住或觀光，這個城鎮只能陷入日益凋零沒落的末路。

隨著西方理論的引進與國內文創相關產業的推動，結合地方文化產業發展與社區總體營造共同打造創意城鄉等城鄉計畫，已經在台灣各地如火如荼的展開，相關的研究論述也越來越豐富。可惜的是這些研究論述仍以政策實務分析為主，很少針對在地精神深層的文化內涵進行討論。其實，真正能打動人心的品牌經驗是要能洞悉人性中最普遍共同的情感基礎，就是心理學家榮格所說的「原型」，是所有人共同的情感結構。這也是我們之所以要不斷追求故事的動力，因為在這個缺乏神話的時代裡頭，故事與傳奇才能賦予我們生存意義與價值。

就像羅洛・梅（Rollo May）在《哭喊神話》（*The Cry for Myth*）一書中所提到：

> 「『神話生活便是節慶』，湯瑪斯・曼（Tomas Mann）如是說。社群的神話通常是快樂、享受的神話，讓我們生氣勃勃。例如紐奧良的嘉年華會、地中海地區及南美國家的四旬齋，都是色彩繽紛、帶有神話奧祕的日子。於是，我們可以去愛每一個人，也可以把自己讓渡給感官的即興。⋯⋯
>
> 　經年累月的積澱，這些神聖的日子便匯聚了永恆的神話特性。使我們對漫長的過去與遙遠的未來產生某種統合感。⋯⋯
>
> 　就像節慶和宗教聖禮一樣，儀式是神話的具體表現。神話是敘事，而儀式如送禮、受洗等，則是以身體的動作來表達神話。儀式與神話為這個充滿變

化、令人困惑沮喪的世界，提供了穩固的支點。」

（May, 2003: 45-46）

　　我們必須透過故事來賦予各種生命經驗更多的意義與價值，故事還能連結過去與現代，賦予時間流動連貫性。不只如此，透過故事的轉化還能將傳統以創新的方式流傳下來，傳統的價值在於是前人的集體生活經驗與智慧累積，但必然有其時空上的侷限，往往因為時代的變遷，傳統將失去存在的根基。

　　甚至有些傳統還背負了難以逆轉的負面形象，例如八家將的傳統民俗文化，社會長期以來對八家將的污名化，造成台灣傳統藝陣發展的侷限。這也是因為陣頭文化充滿了在地性及團體群聚的特性，導致黑道幫派組織的滲入，讓社會對於跳將的年輕人充滿負面觀感，連帶也對這類民俗活動產生負面印象。然而，最近台灣許多活動與電影都讓這些家將文化獲得更多的關注，從高雄世運的電音三太子風潮、到2012年上映的電影《陣頭》，都試圖反轉對陣頭文化的負面形象。強調傳統與現代的融合，例如《陣頭》中融合搖滾樂與戰鼓，《電哪吒》中融合電音元素，或是九天民俗技藝團將陣頭表演轉型等手法，都是企圖結合傳統與現代，擺脫傳統民間陣頭的刻板印象，打開民俗文化新的市場與存在空間，吸引新一代民眾的認同。

　　可惜的是這些融合還是流於形式上的轉變，並沒有將陣頭與家將的傳統精神發揚光大，真正傳統的精髓在於民間傳奇的內容與深層文化意義。事實上，在傳統中隱含了許多珍貴、無可取代的集體精神，而最成功的創新往往不是全盤推翻傳統，而是能發掘傳統中最寶貴、最核心的集體精神，更重要的是能以創新的方法與適合當代的形式將傳統精神保存下來，被發明的傳統是指以多元豐富的表達形式來延續傳承傳統中的核心價值與生存意義。

參考書目

英文

- Agnew, J. (1987), *The United States in the World Economy*, Cambridge: Cambridge University Press .
- Appadurai, Arjun (1981),"The Past as a Scarce Resource", *Man (N.S.)* 16, 201-219.
- Barthes, Roland (1967),"Semiology and the Urban", in Mark Gottdiener and Alexandros Lagepoulous (eds) (1986), *The City and the Sign: An Introduction to Urban Semiotics*, New York: Columbia University Press, pp. 87-98.
- Berry, L. L. (2000),"Cultivating Service Brand Equity", *Journal of the Academy of Marketing Science*, 28(1): 128-137.
- Borofsky, Robert (1987), *Making History: Pukapukan and Anthropological Construction of Knowledge*, Cambridge: Cambridge University Press.
- Bruner, E. (1986),"Ethnography as Narrative", in V. Turner and E. Bruner (eds), *The Anthropology of Experience*, Chicago: University of Illinois Press.
- Cronon, W. (1992),"Kennecott Journey: The Paths out of Town in Cronon", in W. Cronon, G. Miles, and J. Gitlin (eds), *Under an Open Sky*, New York: W. W. Norton & Company, pp. 28-51.
- Czikszentmihalyi, Mihaly (1996), *Creativity: Flow and the Psychology and Discovery of Invention*, New York: Harper Perennial.
- Evans, Christopher (1985),"Tradition and the Cultural Landscape: An Archaeology of Place", *Archaeological Review from Cambridge* 4(1), 80-94.
- Feder, Lillian (1971), *Ancient Myth in Modern Poetry*, Princeton: Princeton University Press.
- Florida, Richard (2004), *The Rise of the Creative Class: And How It's Transforming Work, Leisure, Community and Everyday Life*, New York: Basic Books.
- Florida, Richard (2005), *Cities and the Creative Class*, New York: Routledge.
- Friedman, Jonathan (1992),"The Past in the Future: History and the Politics of Identity", *American Anthropologist* 94(4), 837-859.
- Gergen, M. M. and Gergen, K. J. (1984),"The Social Construction of Narrative Accounts", in K. J. Gergen & M. M. Gergen (eds), *Historical Social Psychology*, Hillsdale: Lawrence Erlbaum Associates.
- Gibson, C. and Kong, L. (2005),"Cultural Economy: A Critical Review", *Progress in Human Geography*, Oct. 2005, vol. 29, issue 5, p. 541.

- Gold, J. R. and Ward, S. V. (1994), *Place Promotion*, New York: Wiley and Sons.
- Halbwachs, Maurice (1992), "The Legendary Topography of the Gospels in the Holy Land: Conclusion", in M. Halbwachs, *On Collective Memory*, edited, translated, and introduced by L. A. Coser, Chicago and London: University of Chicago Press, pp. 191-235.
- Hauschild, Thomas (1992), "Making History in Southern Italy", in K. Hastrup (ed.), *Other Histories*, London and New York: Routledge, pp. 29-44.
- Hobsbawm, Eric (1983), "Introduction: Inventing Tradition", in Hobsbawm and Ranger (eds), *The Invention of Tradition*, pp. 1-14.
- Hobsbawm, Eric (1992), *Nations and Nationalism since 1780*, Cambridge: Cambridge University Press.
- Hobsbawm, Eric and Ranger, Terence (eds) (1983), *The Invention of Tradition*, Cambridge: Cambridge University Press.
- Hughes, Diane O. and Trautmann, Thomas R. (eds) (1995), *Time: Histories and Ethnologies*, Ann Arbor: University of Michigan Press.
- Landry, C. (2005), "Lineages of the Creative City", in Simon Franke and Evert Verhagen (eds), *Creativity and the City: How the Creative Economy is Changing the City*, Rotterdam: NAI Publishers.
- Lopez, Barry (1998), *Crow and Weasel*, Farrar, Straus and Giroux (BYR).
- Low, G. S. and Fullerton, R. A. (1994), "Brands, Brand Management and the Brand Manager System: A Critical Historical Evaluation", *Journal of Marketing Research*, 14 (May), pp. 173-190.
- Mcgray, Douglas (2002), "Japan's Gross National Cool", *Foreign Policy*, 01-May. From: www.foreignpolicy.com.
- Mckee, Robert (1997), *Story: Substance, Structure, Style and The Principles of Screenwriting*, New York: Regan Books.
- Michaels, F. S. (2011), *Monoculture: How One Story is Changing Everything*, Red Clover Press, Canada.
- Moilanen & Rainisto (2009), *How to Brand Nations, Cities and Destinations: a Planning book for Place Branding*, New York: Palgrave Macmillan.
- Okri, Ben (1996), *Birds of Heaven*, London: Orion Publishing Group, Vintage.
- Peel, J. D. Y. (1984), "Making History: The Past in the Ilesha Present", *Man (N.S.)* 19, 111-132.
- Popular Memory Group (1982), "Popular Memory: Theory, Politics, Method", in R. Johnson, G. McLennan, B. Schwarz, and D. Sutton (eds), *Making Histories: Studies in History-writing and Politics*, London etc.: Hutchinson, pp. 205-252.

- Rukeyser, Muriel (1971), *The Speed of Darkness*, New York: Random House.
- Said, Edward W. (1979), *The Question of Palestine*, New York: Time Books.
- Said, Edward W. (1983), *The World, the Text, and the Critic*, Cambridge, MA: Harvard UP.
- Scott & Alan (2008), *Social Economy of the Metropolis: Cognitive-Cultural Capitalism and the Global Resurgence of Cities*, Oxford: Oxford University Press.
- Tuan Yi-Fu (1974), *Topophilia: A Study of Environmental Perception, Attitudes, and Values*, Englewood Cliffs, NJ: Prentice-Hall.
- Tuan Yi-Fu (1977), *Space and Place: The Perspective of Experience*, Minneapolis: University of Minnesota Press.

中文

- Anderson, Benedict (2010)，《想像的共同體：民族主義的起源與散布》，台北：時報。
- Bell, Daniel A. & Avner de-Shalit (2012)，《城市的精神》，台北：財信。
- Campbell, Joseph (1997)，《千面英雄》，台北：立緒。
- Florida, R. (2003)，《創意新貴：啟動新經濟的菁英勢力》，台北：寶鼎。
- Florida, R. (2006)，《創意新貴II：經濟成長的3T模式》，台北：日月文化。
- Florida, R. (2009)，《尋找你的幸福城市：你住的地方決定你的前途》，台北：天下。
- Frazer, J. G. (1991)，《金枝》（上／下），台北：桂冠。
- Friedman, Thomas (2005)，《世界是平的》，台北：雅言文化。
- Glaeser, Edward (2012)，《城市的勝利》，台北：時報。
- Kundera, Milan (1991)，《生命中不能承受之輕》，台北：時報。
- Landry, C. (2010)，《創意城市：打造城市創意生活圈的思考技術》，台北：馬可孛羅。
- Lévi-Strauss, Claude (2001)，《神話與意義》，台北：麥田。
- Mark, Margaret and Pearson, Carol S. (2002)，《很久很久以前……：以神話原型打造深植人心的品牌》，台灣：美商麥格羅希爾。
- May, Rollo (2003)，《哭喊神話》，台北：立緒。
- Parker, Rachel and Parenta, Oleg (2008)，〈澳大利亞影視文化政策解析：新理念和政策的分層演變〉，《文化藝術研究期刊》，2008年9月，第1卷，第2期。
- Pearson, Carol S. (2000)，《內在英雄：六種生活的原型》，台北：立緒。
- Pearson, Carol S. (2009)，《影響你生命的12原型：認識自己與重建生活的新法則》，台北：生命潛能。

- Ray, Paul H. and Anderson, Sherry Ruth (2008)，《文化創意人：5000萬人如何改變世界》，台北：城邦。
- Riessman, Catherine Kohler (2008)，《敘說分析》，台北：五南。
- Said, Edward W. (1999)，《東方主義》，台北：立緒。
- Sen, Amartya (2001)，《經濟發展與自由》，台北：先覺。
- Stein, Murray (1999)，《榮格的心靈地圖》，台北：立緒。
- Tocqueville, Alexis de (2005)，《民主在美國》，台北：左岸文化。
- Weiner, Eric (2009)，《尋找快樂之國》，台北：天下文化。
- White, Michael and Epston, David (2001)，《故事‧知識‧權力：敘事治療的力量》，台北：心靈工坊。
- 丁明蘭等（2010），〈我在我不在的地方——文學現場踏查記〉，台南市：台灣文學館。
- 大前研一（2006），《無國界的世界》，台北：立緒。
- 文化創意課題組（2012），〈關於澳大利亞、新西蘭文化創意產業分析思考〉，《天津經濟》，2012年，第212期。
- 文建會（1995），《全國文藝季活動手冊》，台北，文建會。
- 王伯勛（2004），〈城鄉營造之品牌化經營策略研究——以臨山、沿海、族群等六區域現況調查為例〉，樹德科技大學應用設計研究所碩士論文。
- 王宏榮（2008），〈高雄縣大樹鄉發展鄉村旅遊之研究〉，國立中山大學公共政策碩士論文。
- 王佳煌（2010），〈文化／創意產業、創意階級／城市論著的批判性檢視〉，《思與言》，第48卷，第1期，頁131-190。
- 王茜（2011），〈從「同化」到「多元化」：讀多莉絲‧皮爾金頓‧加利梅拉的《防兔欄》〉，《時代文學》期刊，2011年，第1期。
- 伍麗微（2012），〈黑手黨隻手遮天的歷史風雲〉，香港《文匯報》，2012/1/19，A31版。
- 吳幸蓉（2010），〈戲劇世界裡的地方感——以銘刻台南之戲劇文本為探尋〉，國立台南大學戲劇創作與應用研究所碩士論文。
- 吳敏顯（2010），《宜蘭河的故事》，宜蘭縣立蘭陽博物館。
- 李明超（2008），〈創意城市與英國創意產業的興起〉，《公共管理學報》，第4期，頁93-100。
- 李明超（2010），〈英國創意城市的興起與啟示〉，《國際城市規劃》，第25卷，第4期，頁42-49。
- 李唐峰（2010），〈北歐福利典範，台灣想學習？〉，《看雜誌》，第67期，2010/7/22。

- 李雪莉（2004），〈黃春明：只要很善良，就是幸福〉，《天下雜誌》，第307期，2004/9/15。
- 李潼（2004），《少年噶瑪蘭》，台北：天衛文化。
- 杜昱潔（2007），〈地方政府政策行銷之研究──以宜蘭國際童玩藝術節為例〉，國立政治大學公共行政研究所碩士論文。
- 沈嘉玲（2002），〈宜蘭的「落後」與發展：地方自主觀點的反思〉，世新大學社會發展研究所碩士論文。
- 肖文（2012），〈西西里島──世界黑手黨的發源地〉，《環球人文地理期刊》，2012年，第1期。
- 周力行（2003），《匈牙利史：一個來自亞洲的民族》，台北：三民。
- 周夢蝶（2010），《周夢蝶詩文集・卷一：孤獨國／還魂草／風耳樓逸稿》，台北：印刻。
- 宜蘭縣史館（1994），《宜蘭文獻雜誌》12: 74，宜蘭縣史館。
- 林萬榮編（1972），《救災與善後》，宜蘭：宜蘭縣文獻委員會。
- 金元浦（2006），〈當代世界創意產業的概念及其特徵〉，《電影藝術》，第3期，頁5。
- 段義孚（Yi-Fu Tuan）（1998），《經驗透視中的空間和地方》，台北：國立編譯館。
- 段義孚（2006），《逃避主義》，台北：立緒。
- 段義孚（2008），《恐懼》，台北：立緒。
- 紀駿傑（2003），〈環境時代的新社會福利課題：環境人權的理念與實踐〉，《國家政策》季刊，第2卷，第4期。
- 范榮靖（2009），〈國家治理，進入品牌時代〉，遠見雜誌網，276，2009年11月15日。
- 徐子婷（1996），〈個性兩極，夢想一致：花蓮 VS 宜蘭〉，《遠見雜誌》，第126期，頁92-100。
- 馬岳琳（2009），〈黃春明：雖然傷口還有痕跡〉，《天下雜誌》，第435期，2009/11/18。
- 郭靈鳳（2012），〈北歐人為什麼如此幸福〉，《中國週刊》，第5期，2012/5/12。
- 陳之華（2008），《沒有資優班──珍惜每個孩子的芬蘭教育》，台北：木馬文化。
- 陳秉亨（2005），〈六輕設廠歷程中正義問題之探究〉，靜宜大學生態學系碩士論文。
- 陳秋子（2005），〈宜蘭國際童玩藝術節背後的地方問題〉，《博物館學季刊》，第19期，第4卷。

- 陳德瑜（2012），〈專蓋怪怪的建物，黃聲遠形塑宜蘭新風貌〉，《時報週刊》，2012/3/23。
- 黃昌瑞（1997），〈義大利社會的不治之症——黑手黨〉，《經濟世界期刊》，1997年，第11期。
- 黃漢華（2012），〈最好的社會福利，吃垮未來競爭力〉，《遠見雜誌》，第312期，2012/6。
- 楊弘任（2007），《社區如何動起來？黑珍珠之鄉的派系、在地師傅與社區總體營造》，台北：左岸文化。
- 楊永妙（2002），〈黃聲遠 築夢宜蘭〉，《遠見雜誌》，第195期，2002/9。
- 楊照（2010），《故事效應：創意與創價》，台北：九歌。
- 楊翠（2012），〈讓故事寫滿整座城市——楊逵的邀約〉，自由電子報，2012/04/25。
- 葉晉嘉（2010），〈各國創意城市指標的比較性研究〉，《城市發展》，第9期，頁111-144。
- 廖美玲（2009），〈用故事打造節慶品牌的客家桐花祭之研究〉，台北教育大學文化產業學系暨藝文產業設計與經營碩士班論文。
- 榮格（2011），《榮格文集》，大陸：國際文化出版。
- 齊邦媛（2009），《巨流河》，台北：天下文化。
- 劉正慶（2006），〈姆貝基：非洲沒有包裝好自己處理負面形象〉，《大紀元》，2006/6/1。
- 劉逸文等人（2000），〈象設計集團在宜蘭〉，《建築向度：設計與理論學刊》，第2期，台北：田園城市文化。
- 滕楊、鐘茜（2011），〈來自台灣的「赤腳建築師」黃聲遠描繪「田園城市」〉，華夏經緯網，2011/9/27。
- 鄭生、陳雪（1994），《陳定南前傳》，台北：商周文化。
- 鄧博文（2007），〈都市設計遠景與機制的演變——以台南市海安路的危機或轉機為例〉，國立成功大學都市計畫研究所碩士論文。
- 蕭富元，〈宜蘭人——拓荒者的後裔〉，《遠見雜誌》，頁101。
- 賴以誠（2012），〈少年小說文學空間類型與想像——以李潼宜蘭書寫為例〉，東海大學中國文學系碩士論文。
- 賴和（1992），《賴和集》，台北：前衛。
- 駱焜祺（2002），〈觀光節慶活動行銷策略之研究——以屏東縣黑鮪魚文化觀光季活動為例〉，中山大學公共管理研究所碩士論文。
- 藍麗春、邱重銘、王俊傑（2009），〈文化政策下的台灣文化產業嬗變〉，《嘉南學報》，第35期，頁437-451。

國家圖書館出版品預行編目（CIP）資料

故事與故鄉：創意城鄉的十二個原型 / 邱于芸著.
-- 初版. -- 臺北市：遠流, 2012.12
面； 公分
ISBN 978-957-32-7118-5（平裝）
1. 城鄉關係 2. 創意 3. 文化交流

545   101024424

故事與故鄉：創意城鄉的十二個原型

作者——邱于芸
總策劃——國立政治大學創新與創造力研究中心
統籌——溫肇東、郭麗華
主編——曾淑正
美術設計——李俊輝
圖片提供——邱于芸

發行人—— 王榮文
出版發行—— 遠流出版事業股份有限公司
地址—— 台北市南昌路二段81號6樓
電話—— (02) 23926899　傳真—— (02) 23926658
劃撥帳號—— 0189456-1

著作權顧問—— 蕭雄淋律師
法律顧問—— 董安丹律師

2012年12月20日 初版一刷
2013年 2 月 1 日 初版二刷
行政院新聞局局版台業字第1295號
售價—— 新台幣350元

YLib 遠流博識網　http://www.ylib.com
E-mail: ylib@ylib.com
本書為教育部補助國立政治大學邁向頂尖大學計畫成果，
著作財產權歸國立政治大學所有